Collection
Polars réels
Dirigée par
Plana Radenovic

L'Enfant
de La Courneuve

Dans la même collection

Loïc Bussy, *L'éternelle innocente* (2024)
Romuald Muller, Élodie Rabé, *Ce petit morceau de tissu rouge* (2023)
Rédoine Faïd, *Depuis l'enfer gris* (2023)
Martine Henry, *Moi, maman de Jonathann* (2022)

9, rue de l'École-Polytechnique – 75005 Paris
www.michalon.fr
ISBN : 978-2-347-00305-0

Thibault Tellier

L'Enfant de La Courneuve

Michalon Éditeur

« Le 9 juillet. Toufik Ouannès est mort. Clamsé béton. Flingué fin du guidon par un caractériel mou. Balle anonyme. 180 fenêtres de devinette. Toufik avait les dents du bonheur. 10 ans de la tête aux pieds. Zonard importé, deuxième génération. Vachard avec les cons. Rieur avec ses potes. Poli avec sa mère. Il était 21 heures, quand il a trouvé un œillet rouge sous sa chemise. Une fleur de douleur qui faisait carabosse à la place du sang. Ses doigts se sont crispés. Il a dit : "J'ai mal". Et il s'est mis à courir [...] La chaleur du soir allait encore un train d'enfer. La ville achélème était en mélasse. Du sucre entre les doigts. Toufik courait. Bâtiment A. Bâtiment C. Bâtiments et lettres. Des cubes. Des alvéoles par où les gens passaient la tête comme des guêpes. Toufik courait. C'était encore loin pour aller mourir sur la dalle de ciment. »

Révolution, 29 juillet 1983.

Pour D. D. En souvenir de…

Introduction

Le 9 juillet 1983, en début de soirée à La Courneuve, un enfant de la Cité des 4 000, Toufik Ouannès est mortellement blessé par un tir provenant de l'un des appartements de la barre Renoir. L'auteur du crime, un machiniste de la RATP, jusque-là sans histoire, est arrêté deux jours plus tard. Ce fait divers prend alors très vite une dimension nationale. De quoi est-il en effet le nom ? Un crime raciste, comme il y en aura beaucoup d'autres au cours de la seule année 1983 (une vingtaine en tout) ? Ou bien un énième épisode de ce que l'on appelle, à l'époque encore, « le mal des grands ensembles » ? L'enquête de police fournira des clés de compréhension à ce sujet, l'opinion publique et les médias se chargeront du reste. Pourtant, il reste des zones d'ombre. René Aigueperse, le meurtrier, a-t-il visé intentionnellement le jeune garçon, ou a-t-il seulement voulu manifester, de manière disproportionnée, son exaspération vis-à-vis de ses conditions de vie, en particulier le bruit continuel qui caractérise alors la cité ?

L'entrée par le traitement d'un tel fait divers a donc pour ambition de toucher au plus près la vie quotidienne des habitants des grandes cités HLM au début des années 1980, alors même que la politique de la ville, créée pour apporter des solutions, en est encore à ses débuts. Mais il faut également saisir ce fait divers comme un marqueur de son époque : certes les difficultés de vie dans les grands ensembles, mais aussi la montée du racisme, la conversion de la gauche à la gestion pragmatique via les dispositifs de réhabilitation. Se plonger dans les archives de ce fait divers, c'est aussi retracer l'existence des personnes investies dans la cité, qu'ils soient élus, militants associatifs ou tout simplement habitants. C'est donc, d'une certaine manière, pratiquer ce que l'on appelle parfois « l'histoire par le bas », c'est-à-dire tenter d'approcher au plus près un monde urbain qui appartient désormais à la mémoire collective. Il s'agit donc de contribuer à écrire une histoire ordinaire des banlieues, extirpant ainsi de l'oubli les habitantes et les habitants qui y ont vécu durant parfois plusieurs décennies et qui n'ont guère laissé de traces tangibles. Les récits des habitants eux-mêmes étant à ce sujet quasiment inexistants.

Comment, dans ces circonstances, aborder la question de la vie ordinaire, intime même, concernant un type d'habitat qui renvoie plutôt avant tout à des dispositifs d'action publique ? L'Histoire est en fait très peu bavarde lorsqu'il s'agit d'aborder la vie des gens anonymes. Comment capter, par exemple, les émotions (positives ou négatives) des habitants des cités autrement que par les restitutions qui sont, le plus souvent, mises en scène par les acteurs publics eux-mêmes ?

Dans le cas présent, il s'agira donc d'opérer un croisement entre le contexte (la Cité des 4 000 durant la période de la fin des Trente Glorieuses) et ce qui relève spécifiquement des parcours de vie de la victime et de son meurtrier. Enfin, la partie concernant le procès se veut aussi une contribution à la manière dont la France des années 1980 fonctionne lorsqu'il s'agit de juger de la mort d'un enfant issu d'une cité populaire. Dès lors, le meurtre de Toufik Ouannès quitte la sphère du fait divers pour devenir un maillon explicatif de l'histoire urbaine de la France après les Trente Glorieuses, en particulier celle du peuple banlieusard dont il reste à écrire l'histoire.

Si les archives dont j'ai pu disposer m'ont permis de suivre plus ou moins les objectifs que je m'étais initialement fixés, les témoignages que j'ai pu recueillir quarante ans après les faits m'ont également permis de mener à bien cette étude. Je veux tout d'abord remercier la sœur de Toufik que j'ai pu retrouver après un jeu de piste assez complexe, dans la mesure où je ne disposais que d'une adresse qui datait de 1983. Elle m'a longuement évoqué la figure de son frère ainsi que son ressenti au moment des faits. Ces échanges m'ont aussi permis de mieux comprendre l'environnement familial de Toufik. Je veux également exprimer ma gratitude à Abdel Saadouni, qui travaille à la mairie de La Courneuve et qui connaît très bien la Cité des 4 000 pour y travailler depuis le début des années 1980. Outre la visite du quartier, il m'a également permis de rencontrer plusieurs personnes qui vivaient dans la cité au moment du drame. Enfin, cette étude reposant essentiellement sur des pièces judiciaires comme le veut l'esprit de la collection, j'ai évidemment cherché à entrer en contact avec les avocats qui ont participé au procès de René Aigueperse en 1986. J'ai ainsi pu rencontrer les avocats des deux parties, maîtres Malika Ouarti et Luc Ravaz, que je remercie pour leur disponibilité. Christian Bourguet, le troisième avocat mobilisé dans cette affaire, étant décédé en 2021.

Pour terminer, je souhaite remercier les éditions Michalon d'avoir accueilli mon travail. En tout premier lieu, Plana Radenovic, la directrice de la collection, qui m'a également permis d'avoir accès au dossier judiciaire (je suis également reconnaissant au greffe du tribunal de grande instance de Bobigny pour sa diligence). Merci à Anne Leclercq et à Sophie Mairot des éditions Michalon pour leur accompagnement. Je suis également redevable envers Antoine Loubière, vice-président du comité d'histoire de la politique de la ville et rédacteur en chef de la revue *Urbanisme*, pour avoir relu mon manuscrit et m'avoir fait partager ses précieuses connaissances sur le sujet.

Prologue
Tué pour un verre

Mars 1971. L'actualité politique française est dominée par les élections municipales qui doivent avoir lieu le même mois. Deux ans après que le général de Gaulle a quitté le pouvoir et que son ancien Premier ministre, Georges Pompidou, lui a succédé à l'Élysée, la gauche bénéficie d'une certaine embellie malgré son échec à la présidentielle de 1969. Une nouvelle génération militante, qui a profité d'un accès plus large à l'enseignement supérieur, entend bien faire entendre sa voix. C'est le cas dans les villes et les agglomérations qui se sont particulièrement développées durant une quinzaine d'années grâce au dynamisme économique à l'ampleur jusque-là inédite.

Tandis que les activistes de mai 1968 se sont, à leur façon, emparés de la question urbaine (avec leur slogan « Non aux bidonvilles, non aux villes-bidons »), la crainte de villes déshumanisées s'exprime jusqu'aux services du ministère de l'Équipement qui ont précisément en charge la réalisation et le suivi des grands ensembles. C'est à cette date que le terme « ghetto » fait d'ailleurs son apparition dans des documents officiels. Les émeutes raciales qui sont en cours aux États-Unis font craindre le pire à certains hauts fonctionnaires français. Le président de la République lui-même, au cours d'un voyage à Chicago l'année précédente, exprime à son tour ses doutes et son scepticisme sur l'avenir des sociétés urbaines. De son point de vue, si les pays occidentaux sont parvenus dans l'ensemble à gagner la course du niveau de vie, ils ne sont pas parvenus à réduire les inégalités, qu'il s'agisse des bidonvilles ou de ce que l'on appelle aux États-Unis les ghettos urbains. « La ville, symbole et centre de toute civilisation humaine, est-elle en train de se détruire elle-même et de sécréter une nouvelle barbarie ? » s'interroge-t-il non sans inquiétude. Après le risque de déshumanisation des grands ensembles maintes fois dénoncés, c'est le thème d'une violence propre aux nouvelles formes urbaines qui s'invite dans le débat.

Quelques années auparavant, l'écrivain Michel de Saint-Pierre a publié un livre intitulé *L'école de la violence*, dans lequel il affirme que « les grands ensembles immobiliers sont des fabriques de blousons noirs »[1]. Il s'agit dès lors de désigner les supposés jeunes délinquants urbains sur le modèle des fameux *Apaches* des faubourgs de Paris qui avaient défrayé la chronique urbaine à la fin du XIXe siècle. La presse relaie également ce type d'affirmation. Le journal *L'Aurore*, dans son édition du 2 juillet 1962, identifie lui aussi Sarcelles à un lieu de « fabrique de blousons noirs et d'école de la violence [...] L'un des pires fléaux que notre société ait jamais inventé ».[2]

Le mouvement se poursuit tout au long des années 1960, d'autant que le « phénomène jeunes » exprimé notamment par l'émergence culturelle des « yéyés » accentue le processus. Des études commandées par les pouvoirs publics identifient la forte proportion de jeunes dans les grands ensembles comme l'une des composantes majeures des problèmes qui s'y posent. L'une d'entre elles, publiée justement en 1971, évoque notamment les « agressions sociales » dont sont victimes les habitants des cités. Parmi les causes invoquées, « le nombre des enfants, fauteurs de bruit et occasion de conflits ».

Ce type de commentaires n'est toutefois pas partagé par tous ceux qui s'intéressent à ces questions. Ils dénoncent plutôt le peu de place fait aux jeunes dans les cités HLM. Émile Copferman, dans son

1. Michel de Saint-Pierre, *L'école de la violence*, Paris, La Table Ronde, 1962, p. 33.
2. Le phénomène des « bandes de jeunes » est aussi exploité par le cinéma comme dans le film de Marcel Carné de 1960, *Terrain vague*.

livre *La génération des blousons noirs*, pointe le fait qu'ils ne disposent pas suffisamment d'espaces qui leur soient propres. Pour étayer son propos, il cite aussi un extrait de la communication faite par un élu du conseil municipal de Paris pour qui « notre civilisation du ciment tend à faire de moins en moins de place aux jeunes[3] ». En d'autres termes, les jeunes sont-ils les principales victimes collatérales de la politique des grands ensembles ?

À la fin des années 1960, la forte présence de jeunes devenus dans l'intervalle des adolescents est pourtant en passe de devenir un véritable enjeu pour les pouvoirs publics. En 1967, le ministre de la Jeunesse et des Sports, François Missoffe, a annoncé à ce sujet la mise en œuvre d'un plan national. Il s'agira d'implanter, en particulier dans les zones urbaines les plus denses, des *mille clubs de jeunes*, s'adressant directement à ceux qu'il désigne comme étant des « jeunes inorganisés ». Il s'agit d'équipements socio-éducatifs conçus sur le modèle industriel de la préfabrication qui ne sont pas sans rappeler ceux des grands ensembles, avec le même accueil mitigé de la part des usagers concernés. Le nouveau dispositif se met peu à peu en place tandis que les organisations qui œuvraient pour le compte de l'Église ou du Parti communiste ont de plus en plus de mal à encadrer les jeunes.

3. Émile Copferman, *La génération des blousons noirs*, Paris, Maspero, Les Cahiers libres, 1962, annexe 2.

C'est dans ce contexte qu'intervient le fait divers du 5 mars 1971 à la Cité des 4 000, dont l'une des conséquences sera de ramener au premier plan de l'actualité ce que la presse qualifie une fois encore de « problème des grands ensembles ». Jeunesse, urbanisme, délinquance – trois composantes du débat relancé à cette occasion et qui interpelle l'état de la société française au début des années 1970.

*

Le vendredi 5 mars 1971, alors que la France connaît des records de froid, un jeune homme de 17 ans, Jean-Pierre Huet, qui réside habituellement à la Cité des 4 000 à La Courneuve, entre dans le café-tabac Le Narval situé dans la cité, avenue du Général-Leclerc. Quelques minutes plus tard, sans que l'on sache réellement pourquoi, une altercation éclate entre le jeune homme et le tenancier de l'établissement, âgé, quant à lui, de 41 ans. Ce dernier se saisit d'une arme et tire à deux reprises. Le jeune homme s'écroule, mortellement blessé. Il décédera quelques heures plus tard à l'hôpital.

Dès qu'elle est connue, la nouvelle provoque de nombreuses réactions de colère dans le quartier. Le bar est aussitôt fermé et protégé tout le week-end par un escadron de gendarmes mobiles afin d'éviter des représailles. Selon *Le Monde*, les autorités locales craignent en effet que les jeunes du quartier ne mettent à exécution leur intention d'organiser une expédition punitive contre l'établissement. Quant aux circonstances précises du drame, les avis divergent parmi les 200 personnes rassemblées devant le bar le soir du drame. Selon certains témoins, le jeune homme, que l'on n'avait pas vu depuis quelques semaines, serait entré dans le bar vers 19 h 30 dans un état de grande fébrilité. L'épouse du patron aurait refusé de lui servir à boire et c'est alors que le ton serait monté. Après que la victime eût cassé un verre et tenté de passer par-dessus le comptoir, le patron aurait sorti un revolver du tiroir-caisse et tiré à deux reprises dont l'une dans la région du cœur. D'autres affirment au contraire que Jean-Pierre Huet était parfaitement calme, mais qu'il avait déjà eu par le passé des « histoires » avec les tenanciers du bar et qu'ils l'auraient dès lors jugé indésirable dans leur établissement.

Tous sont au moins d'accord sur un point : depuis plusieurs années, la vie est devenue de plus en plus difficile pour les résidents de la cité, alors estimés entre quinze et dix-huit mille personnes. Les plus anciens racontent que « les petits-bourgeois » des premières années ont cédé la place à « une faune plus douteuse », selon l'expression employée. La presse insiste également sur les trois à quatre mille adolescents qui y vivent et qui n'ont généralement comme distractions que les mornes voies de circulation desservant les grandes barres de béton, ou les rares cafés comme Le Narval. Les vrais lieux de distraction se trouvent à Paris, à quelques kilomètres seulement de la cité HLM. Que faire dès lors durant des journées entières ?

Dès le dimanche qui suit le drame, le tenancier du bar est écroué et inculpé de meurtre. Il sera toutefois remis en liberté le 25 avril. Pour sa défense, le meurtrier affirmera aux enquêteurs qu'il a tiré sans viser pour intimider l'adolescent, et non pour le tuer. La peur, le ressentiment peut-être, pour justifier l'injustifiable. Une explication qui ne convainc pas.

Très vite, l'affaire prend une tournure politique. Une partie de l'extrême gauche entend utiliser le drame de La Courneuve pour dénoncer les conditions de vie dans des cités comme les 4 000 et ainsi dénoncer l'exploitation capitaliste de l'urbanisme moderne qui asservit le prolétariat. Le journal *Tout,* proche du mouvement « Vive la révolution », tente ainsi de rallier les jeunes à leur cause. Il promet que ce crime ne restera pas impuni, affirmant qu'il règne en France « comme un climat anti-jeunes ». Pour cela, il appelle les jeunes à se rendre massivement aux obsèques de Jean-Pierre Huet. Dans un article daté du 28 mars intitulé « La Courneuve. Tué pour un verre », l'auteur (anonyme) affirme que les 2 000 jeunes venus à La Courneuve demander justice pour la victime se sont retrouvés face « à l'autre monde » : « Celui du PCF, des flics, de la cité de béton ». Sur un mur proche du café Le Narval, il a été écrit : « Halte au racisme anti-jeunes ».

Dès l'annonce du meurtre, le 9 mars, *France-Soir* titre à la Une : « Une grande enquête : pourquoi la peur règne à La Courneuve ? ». Une photo représentant une barre de 15 étages l'accompagne. Jean Ferniot, un éditorialiste du quotidien, établit un étonnant rapport entre la vie dans les grands ensembles et les prisons. De son point de vue, il existe un parallèle entre « ces deux symboles du gigantisme, du futurisme et de l'architecture moderne que sont en train de devenir la Cité des 4 000 à La Courneuve et le centre pénitentiaire de Fleury-Mérogis »[4]. Cette remarque quelque peu lapidaire s'inscrit dans un courant de pensée qui remonte au XIXe siècle : établir une corrélation entre faits divers et la jeunesse ouvrière, celle des faubourgs, puis des banlieues industrielles. Le prolongement est alors tout trouvé : « Ainsi, l'on passe de la prison du grand ensemble à la prison tout court ». L'hebdomadaire *Minute* présente Jean-Pierre Huet comme « une terreur de quartier, bagarreur, illettré et déjà trois fois condamné ». « Voilà comment avec un voyou mort on fabrique un Che Guevara de banlieue », note le journaliste.

4. Cité par Christian Bachmann et Luc Basier, *Mise en image d'une banlieue ordinaire*, Paris, Syros-Alternatives sociales, 1989, p. 85.

La tension restera encore palpable durant plusieurs semaines. Quelques jours après le meurtre, un journaliste de *L'Aurore* est agressé sur place par un manifestant local. Le 8 juin 1971, le café Le Narval sera partiellement détruit par une explosion d'origine criminelle qui endommage également trois magasins voisins, sans toutefois faire de victimes.

Le patron du Narval ne sera jugé qu'en 1979. Selon le journaliste du *Monde* qui assiste au procès devant les assises de la Seine-Saint-Denis, l'instruction, anormalement longue, s'était achevée en juin 1976 et un pourvoi formé contre l'ordonnance de mise en accusation avait encore retardé les choses de trois ans. Un supplément d'information avait été demandé par la Cour de cassation car un seul expert avait alors été désigné pour déterminer le taux d'alcool de la victime. Toujours selon le même journaliste, en neuf ans, la passion était retombée, les témoins plus ou moins disparus, et les problématiques soulevées au moment du drame écartées des débats du procès, à savoir le racisme anti-jeunes et la vie quotidienne dans les grands ensembles. Rejetant le motif de provocation invoqué par la défense de l'accusé qui tenta en vain d'établir une comparaison entre « un enfant de la zone et un solide Auvergnat, ancien bougnat », la Cour condamne Louis Gascq, poursuivi pour coups et blessures volontaires ayant entraîné la mort sans intention de la donner, à cinq ans d'emprisonnement avec sursis et à 100 000 francs d'amende. Ce dernier, qui n'a en fait séjourné en prison qu'un mois et dix-sept jours et qui est devenu dans l'intervalle chauffeur de taxi, sort donc libre du palais de justice. Selon l'avocat général, il était en effet « trop tard pour le renvoyer en prison ». Non sans s'être posé la question de savoir « si chacun avait le droit de faire sa propre justice à coups de revolver ».

L'affaire sera très vite oubliée, d'autant que se profile la prochaine élection présidentielle. Il en restera toutefois le souvenir d'une visite sur place du ministre de l'Équipement de l'époque, Albin Chalandon, quelques mois après la mort de Jean-Pierre Huet. Quelques jours plus tard, se rendant cette fois à la Grande Borne de Grigny, il fera cet aveu quelque peu étonnant aux habitants venus pour lui reprocher les conditions de vie locale : « Par rapport aux habitants de La Courneuve, vous êtes dans un paradis ». Des propos repris par un journaliste du *Monde* qui titra à cette occasion : « Un ministre au paradis ». Il en ressortira la volonté de mise en œuvre d'une politique inédite chargée de contribuer à l'amélioration du cadre de vie dans les grands ensembles : Habitat et vie sociale.

Entre-temps, le café Le Narval aura trouvé un nouveau nom : Le Baraka. Mais pour la population, il reste à tout jamais celui où, par une triste journée de mars 1971, un enfant de La Courneuve a été tué. C'est à peine à quelques mètres de ce lieu marqué par la tragédie qu'un nouvel enfant de la cité va y perdre lui aussi la vie, douze ans plus tard.

1.
« Mort pour un pétard »[5]

Dans son édition du 2 septembre 1983, *Le Monde* note que durant l'été, la France a eu très chaud. Selon les relevés de la météorologie nationale, le pays a connu des pics de chaleur exceptionnels, le mois de juillet ayant été le plus chaud depuis une centaine d'années. Comme en Italie, plusieurs villes françaises ont franchi la barre des 40 °C fin juillet. Du jamais vu depuis très longtemps, une canicule historique d'après les spécialistes. Ce qui n'a pas été sans conséquence en matière de santé. Dans la région de Marseille, on a ainsi enregistré pour le mois de juillet une surmortalité de 300 décès.

Les municipalités appréhendent les mois d'été, car c'est généralement durant cette période que les incidents se multiplient. La chaleur est particulièrement

5. Une de *Libération*, 11 juillet 1983.

lourde dans les appartements en raison du manque d'isolation thermique, beaucoup de résidents restent dehors, y compris parfois tard dans la soirée. Elle conduit également à laisser les fenêtres ouvertes toute la journée ainsi que la nuit, ce qui intensifie l'effet des nuisances sonores venues des espaces extérieurs où les jeunes se retrouvent entre eux, très souvent à proximité immédiate des logements. Étant donné le manque d'activités, la plupart des adolescents n'ont pas réellement d'autre choix que de déambuler dans la cité, souvent sans but précis. Et les voisins de se plaindre du bruit produit par les jeunes qui se regroupent le plus souvent au pied des immeubles.

*

Le 9 juillet 1983, Toufik Ouannès ne se trouve qu'à quelques mètres des fenêtres de son meurtrier.

Ce jour-là, alors que le temps des vacances scolaires estivales est lancé, beaucoup d'enfants se trouvent livrés à eux-mêmes, soit parce que leurs parents ne les ont pas inscrits à des activités de loisirs, soit parce qu'ils ne veulent pas tout simplement y aller, préférant « zoner » avec les copains à proximité de leurs lieux d'habitation. Pour Toufik, cela consiste à arpenter la voie piétonnière qui passe devant chez lui et qui conduit notamment au Viniprix, la seule supérette du quartier.

Le 9 juillet se caractérise cette année-là par la fin du ramadan pour le lundi suivant, comme l'a officiellement annoncé la Grande Mosquée de Paris. Le samedi, il convient donc d'observer pour l'une des dernières fois du cycle le jeûne, et donc de patienter jusqu'au coucher du soleil avant de pouvoir se restaurer. Nous sommes au début de l'été, le repas ne peut pas être pris avant 22 h. En attendant, les enfants, en raison de la chaleur dans les appartements, sont invités à aller jouer aux alentours comme ils en ont généralement l'habitude. C'est le cas pour Toufik et d'autres enfants de la rue Renoir. Le croisement de plusieurs dépositions de ces derniers permet de restituer avec précision les dernières heures de la vie de Toufik Ouannès.

C'est vers 19 h que Toufik sort de chez lui et s'en va rejoindre des copains du côté du Viniprix. L'un de ces derniers confirmera qu'ils avaient déjà fait éclater des pétards dans ce qu'ils appellent la « deuxième cité », c'est-à-dire de l'autre côté du boulevard, autour de la place Georges-Braque. Ils sont ensuite revenus rue Renoir, car Toufik devait rendre un vélo à un copain qui habite sur le mail. Cette traverse est assez fréquentée par les enfants qui habitent à proximité. Pourtant, à en croire Émile Breton qui l'évoque dans son ouvrage sur La Courneuve, le lieu n'a pourtant rien d'engageant :

> « Les magasins ont quelque mal à y faire bonne figure et l'on imagine, à voir ce dallage glacé, que même des arbres en plastique pourraient difficilement y rester verts »[6].

Une partie de ceux qui sont présents ne veulent pas l'accompagner et les jeunes se quittent alors devant le magasin. Le même copain ajoute qu'avant de faire éclater les pétards, ils sont allés faire un petit feu avec de la poudre à pétard sur la rampe d'accès à un parking situé à proximité du petit centre commercial.

On peut s'interroger sur la symbolique de l'usage des pétards dans des cités comme les 4 000. La question sera relayée par la presse aussitôt le meurtre connu. Pourquoi ces pétards le soir du 9 juillet ? Deux thèses s'affrontent. La première consiste à expliquer l'usage des pétards par l'approche du 14-Juillet. Le phénomène est devenu si important qu'à plusieurs reprises, les pouvoirs publics prendront des dispositions pour tenter d'encadrer la vente de ces engins et autres fumigènes. Pour d'autres, en revanche, l'explosion de pétards dans des cités comme celle des 4 000 est intimement liée au ramadan. Ce serait une manière comme une autre de célébrer la rupture du jeûne et peut-être, aussi, la perspective de la fin du ramadan. Dans les deux cas, la date du 9 juillet ne colle pas tout à fait à la célébration de ces deux

---

6. Émile Breton, *Rencontres à La Courneuve, op. cit.*, p. 46.

évènements. L'explication est sans doute à chercher ailleurs, sans établir de causalité avec un quelconque épisode commémoratif. Pour Toufik et les copains de son âge, il s'agit peut-être tout simplement de tromper l'ennui du quotidien en se donnant un peu d'adrénaline en supplément.

Selon l'un des témoins présents ce soir-là, d'autres enfants étaient eux aussi occupés à faire exploser des pétards. « Moi-même, précisera-t-il aux policiers, il m'arrive de faire partir des fusées, mais jamais personne ne m'a rien dit ». Une version quelque peu amendée par un autre ami de Toufik qui signalera aux enquêteurs le mécontentement de l'un des locataires au moment des premiers tirs de pétards :

> « Tandis que nous étions dans cette rampe d'accès aux parkings, un homme de race noire, de la fenêtre de son appartement, situé à l'extrémité du bâtiment A, au troisième ou sixième étage, nous a dit d'arrêter, puis nous a parlé dans une langue que nous, nous comprenions pas. Toufik lui a fait des grimaces et nous sommes partis un peu plus loin, où a eu lieu l'accident »[7].

Est-ce la raison pour laquelle Toufik décide alors, avec ses copains, de se rapprocher de son propre lieu

7. Sauf mention contraire, les citations sont extraites du dossier judiciaire relatif à l'affaire Ouannès.

d'habitation, ou parce qu'il devait rendre un vélo qui appartenait à un ami habitant à proximité ? Le groupe se scinde alors en deux.

C'est vers 19 h 15 que le petit groupe se forme au pied de l'immeuble où vit Toufik. Les choses vont aller très vite, moins d'une heure en tout.

Toufik et un copain sont vite rejoints par deux frères qui habitent, eux aussi, rue Renoir. Selon l'un d'entre eux avec qui j'ai pu échanger par téléphone, c'est précisément parce que Toufik avait en sa possession des pétards qu'ils l'ont rejoint. Ce soir-là, c'est lui en effet qui semble au centre de la scène alors même que ses proches le décrivent volontiers comme timide et réservé.

Un dernier participant se greffe au groupe qui s'est donc installé au pied de l'immeuble, précisément devant l'entrée B. Tous les témoins se souviennent lors de leur interrogatoire qu'un homme (dont ils ne connaissent pas l'identité) leur a alors fourni un briquet, mais que ce dernier fonctionnait mal. Il l'a passé à Toufik qui n'avait plus d'allumettes pour mettre le feu aux pétards, croit se souvenir l'un d'entre eux. Ce qui laisse supposer que c'était bien lui qui était à la manœuvre ce soir-là. Car tous sont également d'accord pour dire que les pétards lui appartenaient.

À ce moment, une bouteille d'eau est lancée d'un étage de l'immeuble sans que l'on connaisse le nom de la personne qui l'a jetée ni même de quel étage elle provient. L'un des enfants précisera toutefois aux enquêteurs qu'il a vu « une petite fille de race noire jouer à la fenêtre avec la bouteille d'eau au 6e étage [...] J'ai regardé et j'ai vu cette petite fille qui riait. Elle a certainement jeté cette bouteille pour s'amuser », conclut-il. Il paraît donc difficile de savoir s'il s'agissait bien d'un jeu, ou si ce jet de bouteille pleine d'eau exprimait plutôt une forme d'exaspération à l'égard du groupe d'enfants qui continuait à faire exploser leurs pétards en bas des fenêtres des résidents. Cela ne semble toutefois pas avoir en aucune manière effrayé les gamins, qui décident de placer un pétard dans une bouteille en verre. L'un des participants avouera qu'il s'agissait bien d'amplifier le bruit produit par la détonation.

La suite, c'est un autre garçon présent lui aussi aux côtés de Toufik, habitant au 7e étage du 4, rue Renoir, qui la racontera au juge d'instruction dans sa déposition datée du 23 novembre 1983 et retranscrite ici en intégralité :

> « Nous avons mis un pétard dans une bouteille pour que cela fasse plus de bruit. Et nous l'avons fait exploser. C'est juste après cela que j'ai entendu une petite détonation. Je n'ai pas entendu le sifflement d'une balle ou d'un plomb. Toufik, qui était accroupi comme nous tous d'ailleurs en cercle, a

> fait "aïe" en portant sa main en haut de la poitrine. Il s'est levé et a couru vers l'entrée de son escalier. Nous l'avons suivi. Il s'est arrêté et nous l'avons rejoint. Il m'a montré ainsi qu'à Jamel, Akim et Meddouri sa blessure. J'ai vu une petite plaie, avec un peu de sang par l'échancrure de sa chemise, en haut de sa poitrine, à sa gauche. Nous avons aidé Toufik à se rendre dans le hall de son escalier. Son frère Mohamed est rentré chez lui au deuxième étage. Sa sœur est descendue tout de suite et elle l'a couché sur la banquette de pierre du hall. J'ai vu Djamila, la sœur de Toufik, lui tendre un verre d'eau qu'il n'a pas pris. Il a dit alors qu'il avait envie de dormir et c'est à ce moment qu'il s'est allongé sur la banquette de pierre, puis d'autres personnes sont arrivées ».

La scène n'a duré que quelques minutes. Les autres témoignages permettent de préciser certains points. L'un d'entre eux raconte que lorsque Toufik s'est allongé, il devenait de plus en plus blanc. Il disait être fatigué et qu'il avait sommeil. Des gens sont passés et voyant qu'il était blessé, sont allés chercher un docteur au café Le Baraka, non loin de là. Ironie de l'histoire : il s'agit bien du même café, rebaptisé pour la circonstance, qui fut, douze ans plus tôt, témoin du drame qui vit Jean-Pierre Huet s'écrouler mortellement après que le propriétaire lui

sées par les services de police et qui concernent la position exacte des enfants au pied de l'immeuble au moment du drame. Ils se trouvaient à cheval entre la chaussée et le trottoir du centre culturel face aux bâtiments d'habitation. Toutefois, au moment où le coup de feu a été tiré, Toufik se trouvait, quant à lui, davantage orienté vers l'immeuble d'habitation d'où est parti le tir qui l'a mortellement atteint. En fait, peut-on lire dans les dépositions, Toufik lui faisait presque face. Son frère, également présent au moment des faits, confirme cette version tout en ne pouvant l'affirmer catégoriquement, étant donné que son témoignage arrive six mois plus tard. Dans tous les cas, il est certain que les témoignages concordent sur un point essentiel : la position de Toufik au moment où le tir s'est produit le plaçait très exactement sur sa trajectoire.

C'est au pied de son immeuble que sa courte vie s'achèvera en seulement quelques minutes. Selon son frère, ses dernières paroles furent : « J'ai mal. J'ai reçu un plomb ».

*

C'est vers 21 h 15 que les fonctionnaires du commissariat de La Courneuve sont avisés qu'un enfant vient d'être gravement blessé dans la Cité des 4 000. En dépit des soins prodigués par le SAMU, Toufik

Ouannès, 9 ans, bientôt 10, décède sur place, vers 21 h 30, dix minutes après avoir été touché par un projectile de petit calibre selon les premiers éléments de l'enquête. Son corps sera immédiatement transporté à l'institut médico-légal pour y être autopsié.

Toufik aurait été atteint aux alentours de 20 h 50 alors qu'il était accroupi sur le trottoir en train de faire exploser des pétards avec des camarades de son âge. Les premières informations font état d'un tir provenant d'une carabine 22 Long Rifle. Elles seront reprises le lendemain par la presse et les journaux télévisés.

« Les parents sont sur les lieux, une certaine effervescence règne dans la cité. La dimension de la cité rend toute localisation du tireur impossible », précise le premier rapport de police rédigé à 21 h 30. La nouvelle circule en effet très vite dans le quartier. Un rassemblement se forme spontanément à l'endroit d'où vient d'avoir lieu le drame. Le maire de La Courneuve, James Marson, arrive sur place à 21 h 50 en compagnie de l'une de ses adjointes. Il s'agit de calmer les esprits alors que certains manifestants n'hésitent pas à réclamer justice pour le petit garçon qui est encore allongé par terre. D'autres craignent que le tireur ne puisse être identifié en raison de l'incapacité à déterminer l'endroit exact d'où est parti le coup de feu. À cet endroit de la cité, il existe en effet des dizaines de fenêtres qui ont potentiellement pu servir de poste de tir. Cette incertitude contribue à faire monter la tension : certains habitants craignent une nouvelle fois que ce type de geste ne reste impuni, ou même qu'aux yeux de la justice et de la police, une vie d'un habitant de la Cité des 4 000 vaille moins que celle d'un résident du centre-ville.

Le décès est constaté à 22 h par le médecin du SAMU après que Toufik eut reçu une perfusion. Le corps est transporté au poste de police de La Courneuve, puis à l'institut médico-légal peu de temps avant minuit.

Le lendemain du drame, le 10 juillet, le rapport médico-légal réclamé par le procureur de la République révèle selon les termes qui y sont consignés, « une plaie de projectile d'arme à feu [...] ayant entrainé une perforation de la paroi thoracique entre la première et la seconde côte gauche ». Le projectile est retrouvé à la base du cœur dans la paroi inférieure du ventricule droit. Une ecchymose signale sa présence. Il s'agit d'un grain de plomb dit « diabolo ». La mort de l'enfant est donc consécutive à une plaie du cœur par grain de plomb.

La cause du décès est donc établie. En revanche, au soir du 9 juillet, et même encore lorsque le rapport médical est rendu, le coupable n'a pas encore été identifié.

2.
L'enfant de La Courneuve

En 1983, le chanteur Renaud sort un nouvel album (le sixième) intitulé *Morgane de toi*, immense succès avec près d'un million et demi d'exemplaires vendus. Si la chanson qui a donné son nom à l'album passe en boucle sur certaines radios, une autre, intitulée *Deuxième génération*, rappelle le profond attachement du chanteur pour la banlieue en général et pour les banlieues populaires en particulier. *Laisse béton* en 1977, *Dans mon HLM* en 1980 ou bien encore *Mon beauf* l'année suivante sont des titres qui racontent la banlieue ordinaire, en particulier celle de la région parisienne.

Dans cette chanson, qui paraît donc la même année que le drame, La Courneuve sert de décor à la prose de Renaud et on imagine sans difficultés que le Slimane dont il est question habite certainement la Cité des 4 000, comme un grand nombre des jeunes de son âge.

Je m'appelle Slimane et j'ai 15 ans
Je vis chez mes vieux à La Courneuve
J'ai mon CAP de délinquant
Je suis pas un nul, j'ai fait mes preuves
Dans la bande, c'est moi qu'est le plus grand
Sur le bras, j'ai tatoué une couleuvre
Je suis pas encore allé en taule
Paraît que c'est à cause de mon âge
Paraît d'ailleurs que c'est pas Byzance
Que t'es un peu comme dans une cage
Parce qu'ici, tu crois que c'est drôle ?
Tu crois que la rue, c'est les vacances ?
J'ai rien à gagner, rien à perdre
Même pas la vie
J'aime que la mort dans cette vie de merde
J'aime ce qui est cassé, j'aime ce qui est détruit
J'aime surtout tout ce qui vous fait peur
La douleur et la nuit

Si le personnage de Slimane renvoie bien à un caractère quelque peu « perdu », il n'en constitue pas moins une évocation utile pour tenter d'approcher au plus près la figure de Toufik Ouannès.

Alors que ce garçon constitue l'épicentre de l'enquête, et donc de ce livre, il n'en reste pas moins très largement dans l'ombre. Il est le grand absent. Deux raisons immédiates apparaissent pour tenter de comprendre les raisons apparentes de cette invisibilisation : d'une part, en raison de son âge, d'autre part, en raison de son statut social. À même pas 10 ans au moment du drame, Toufik n'a guère eu le loisir d'imprimer sa marque sur le cours des évènements, ni même sur le cours de sa propre vie. J'ai donc tenté, de manière forcément lacunaire, de reconstituer son itinéraire grâce au témoignage de sa sœur, Djamila, qui a accepté de m'en parler longuement lors d'une rencontre dans un café du 20e arrondissement de Paris. Son histoire, comme celle de sa sœur et de sa mère, se confond en fait avec celle de la communauté algérienne en France après la Seconde Guerre mondiale et de son intégration dans les cités HLM comme celle des 4 000.

*

L'histoire de la Cité des 4 000 ne diffère guère de celle des autres cités réalisées au cours des Trente Glorieuses. Elle participe du vaste mouvement d'urbanisation de la région parisienne dont l'origine est à chercher du côté de l'industrialisation qui a démarré un siècle plus tôt. Entre 1957 et 1963, 4 100 logements seront construits, donnant de fait naissance à une enclave de la ville de Paris.

La rapidité de la réalisation laisse toutefois songeur. Très tôt, certaines études mettent en cause les choix opérés par le maître d'ouvrage parisien. Un mémoire soutenu à l'Institut d'urbanisme de Paris en 1972 pointe notamment les déficits en matière d'aménagement :

> « Nous sommes dès l'abord frappés par le contenu du dossier. Les études portent uniquement sur les aspects de la construction de cet ensemble et des problèmes directs qui y sont rattachés. À aucun moment nous n'avons trouvé de référence à des études préalables qui auraient été faites pour situer ce grand ensemble dans la réalité sociale, économique, démographique et urbaine de la commune ou de la région ou pour étudier les problèmes de l'emploi ».

Ce sont pourtant 17 538 nouveaux habitants qui vont y emménager à partir de 1963, parmi lesquels d'anciens rapatriés d'Algérie, des Parisiens, ainsi que des immigrés qui vivaient dans des bidonvilles, parfois limitrophes de la ville[8]. Ainsi, plusieurs centaines de familles étrangères ayant vécu dans le bidonville de *La campa* en activité jusqu'en 1971 et qui se situe à proximité de La Courneuve seront pour une partie d'entre elles relogées dans la Cité des 4 000.

8. Desmond Avery, *Civilisations de La Courneuve. Images brisées d'une cité*, L'Harmattan, 1987.

La cité contribue à l'essor démographique de La Courneuve, qui comptait 18 000 habitants en 1938 contre 40 000 trente ans plus tard. En 1982, elle représente à elle seule 43 % de la population de La Courneuve. Apparue initialement comme un remède à la crise du logement pour les catégories les plus modestes, elle verra sa situation sociale se dégrader considérablement à partir de la crise des années 1970.

Contrairement à d'autres cités de la banlieue, celle des 4 000 ne semble jamais avoir véritablement incarné un espoir résidentiel. Tant par sa composition sociale en partie très précaire que par la médiocrité de sa construction, les 4 000 ont été dès l'origine considérées comme un maillon faible des grands ensembles en région parisienne. L'intervalle entre la création et la dégradation a été en réalité extrêmement bref. Ici, pas de moments heureux captés sur le modèle de la célèbre photo de Robert Doisneau représentant des jeunes gens se tenant par la main avec, derrière eux, des HBM situés sur les hauteurs de la ville de Gentilly dans les années d'après-guerre. Un anonyme a écrit sur l'un des murs de la cité : « Ici on est pas heureux ». Dans un échange en 1973 avec le directeur de la Construction, le délégué général de l'Union nationale des HLM qualifiera même la Cité des 4 000 de « monstre social ».

Entre 1972 et 1982, le nombre de chômeurs a décuplé, passant de 210 à 2 100. La Cité des 4 000 devient très vite un repoussoir également en raison de sa réputation et de l'état du parc de logements qui ne cesse de se dégrader. Parmi les défauts les plus probants, on note notamment la faillite d'un procédé expérimenté aux 4 000 dans le domaine de la préfabrication béton : non seulement les blocs n'absorbaient pas les bruits, mais au contraire, les amplifiaient.

Pour mieux comprendre la vie sociale qui fut celle de Toufik et de ses copains au cours des années 1980 dans ces grandes cités HLM, il faut aussi avoir à l'esprit la progression du nombre de jeunes d'origine immigrée au sein de la population locale.

À la fin des années 1950, on dénombre environ en France 60 000 enfants d'origine algérienne vivant en France. Vingt ans plus tard, sur une communauté de 820 000 Algériens, on compte 130 000 mineurs de moins de 16 ans[9]. Ce dernier chiffre interpelle particulièrement les pouvoirs publics. Comment dès lors s'intéresser au sort de celles et ceux qui appartiennent à la catégorie dite de la « deuxième génération » à laquelle Toufik appartient ? C'est-à-dire les enfants des travailleurs algériens venus travailler en France après la Seconde Guerre mondiale. Une partie de ces jeunes fait d'ailleurs l'objet très tôt d'une

9. Chiffres donnés par Ivan Jablonka, *L'intégration des jeunes. Un modèle français (XVIIIe-XXIe siècles)*, Paris, Seuil, coll. Points, 2013, p. 234.

médiatisation, en les désignant comme principaux acteurs des rodéos urbains qui se sont déroulés dans certaines cités de la métropole lyonnaise à partir de la fin des années 1970, en particulier à Vénissieux et Vaulx-en-Velin. Dès lors, le focus médiatique se fait sur les cités populaires où il existe une surreprésentation de ces jeunes issus de l'immigration comme à La Courneuve.

Cela s'explique d'abord par leur âge : la classe d'âge des adolescents attire bien davantage l'attention des pouvoirs publics du fait de leur visibilité dans les espaces collectifs. Mais c'est un sujet que les pouvoirs publics ont du mal à appréhender. Ces enfants sont nés pour la plupart d'entre eux en France après l'indépendance, de parents nés quant à eux avant 1962, c'est-à-dire dans l'Algérie encore territoire français. Ils sont donc français à la naissance en vertu de l'article 23 du code de la nationalité, lui-même héritier de la loi de 1889. En 1982, un rapport propose d'abandonner dans les calculs le critère de la nationalité. Il y a alors en France 1,6 million de jeunes étrangers en France. Si l'on ajoute les jeunes Français naturalisés ou qui ont acquis la nationalité ainsi que les naissances issues de couples mixtes depuis les années 1950, on arrive, selon les chiffres fournis par Ivan Jablonka, à 2,2 millions de « jeunes d'origine étrangère » âgés de moins de 26 ans. Parmi ces jeunes, les trois quarts sont nés en France et le tiers d'entre eux possède la nationalité française. Ils sont pourtant considérés comme des étrangers aux yeux de l'opinion publique. Selon l'historien, au regard des enjeux d'intégration, « le jeune "issu de l'immigration" devient porteur d'une hérédité suspecte, à mi-chemin de l'altérité ethnique et de l'infériorité sociale, singularité à laquelle rien ne peut remédier, ni la naissance ou la socialisation en France, ni la maitrise du français, ni la possession de la nationalité, ni la réussite professionnelle »[10].

Toufik étant présenté comme un bon élève, a-t-il ressenti ce sentiment d'infériorité sociale en raison de son appartenance à la Cité des 4 000 ? Au contraire, s'est-il senti à l'aise du fait que ses camarades partageaient la même condition ? À en croire sa sœur, il incarnait surtout la joie de vivre ainsi que l'insouciance qui sied à la plupart des enfants de cet âge.

Toufik n'appartient pas à une « bande », comme on a à l'époque coutume de désigner les jeunes qui vivent quelque peu en marge des règles. Un de ses copains m'a d'ailleurs confié que Toufik n'était pas quelqu'un avec qui il jouait régulièrement. Même si l'expression paraît décalée en raison de son âge, il n'apparaît nullement comme un leader au sein des plus jeunes de la cité. C'est plutôt son effacement, son invisibilité sociale, qui semble le caractériser

10. *Ibid.*, p. 241.

avant tout. Ce qui peut dès lors aussi expliquer pourquoi la personnalité de Toufik n'a pas retenu l'attention des enquêteurs tout au long de l'instruction. Il n'avait pas de problème. Il n'était pas le problème.

Il est en effet frappant de noter l'absence d'éléments sur la victime tout au long de la procédure. L'essentiel de l'information est en réalité concentré sur la soirée du 9 juillet 1983. Mais lui, quel type d'élève était-il ? Quelles étaient ses fréquentations hormis les camarades avec qui il se trouvait le soir du drame ? Quels lieux fréquentait-il en dehors de son école ?

Un détail qui peut paraître anodin au premier abord m'a interpellé en parcourant une première fois les procès-verbaux. Dans de nombreuses pièces, son prénom est orthographié de manière différente. *Toufik* dans la majeure partie des cas qui apparaît être son prénom d'usage, mais qui ne correspond pas à son prénom tel qu'il a été déclaré à l'état civil, à savoir *Tewfik*. La demande du tribunal de Bobigny adressée à la ville de Clichy-la-Garenne pour obtenir son acte de décès stipule d'ailleurs que les deux prénoms sont possibles. Au fil de mes lectures, j'ai aussi trouvé *Tafics*, *Tourfik*. Au cours de l'instruction judiciaire, apparait aussi le prénom de *Tenfik*, ou bien encore *Towfick* selon le rapport de l'institut médico-légal établi après sa mort. L'avocat de la famille de la victime, Christian Bourget, parle quant à lui de *Taoufik* dans une pièce du dossier. Dans le texte, je continuerai pour ma part à le désigner comme *Toufik* puisque c'est ainsi qu'il était généralement appelé. Et ceci, même s'il se prénommait bien *Tewfik* au regard de l'état civil comme sa sœur me l'a confirmé lors de notre entretien.

Que sait-on donc de la victime au vu des éléments réunis par l'enquête de police ? Tout d'abord, sa date et son lieu de naissance. Toufik Ouannès est né le 28 août 1973 à Clichy-la-Garenne, une commune limitrophe de Paris, situé dans le département des Hauts-de-Seine. Au moment du meurtre, il habite avec sa mère, son frère et sa sœur, au 4 de la rue Renoir dans la Cité des 4 000. L'appartement, au 5e étage, se trouve dans l'escalier B. Son meurtrier habite, lui, au 2 de la même rue. Ils sont donc voisins au moment du drame et on peut émettre l'hypothèse qu'ils se sont peut-être croisés au moins une fois en sortant dans la rue ou en rentrant chacun chez eux (bien que leur emploi du temps respectif n'inclinait pas vraiment à une telle rencontre puisque l'un partait souvent dès l'aurore alors que l'autre était quant à lui réglé sur les horaires scolaires).

Quelques informations sont disponibles concernant la mère de Toufik Ouannès. Elle est née en 1934 en Algérie, à Saïda, et n'a pas la nationalité française.

Sur l'acte de naissance de Toufik, il est indiqué qu'elle est sans profession. Selon l'enquêteur, elle était bien intégrée dans le voisinage et n'avait pas d'ennemi ; ni elle ni les siens n'avaient été menacés. Avec son premier mari (dont elle dit ne plus se souvenir du prénom), elle a eu deux enfants : une première fille qui est née à Oran en 1958 (handicapée mentale, elle vit alors en foyer), et une seconde, Djamila, née elle aussi à Oran, deux ans plus tard. Au moment du drame, avec une formation de sténodactylo, elle cherche du travail sur Paris. Cette mère a divorcé « vers » 1960, explique-t-elle aux enquêteurs, et s'est remariée l'année suivante avec Ouannas Ouannès (lui sera plus précis et indiquera 1966 aux enquêteurs). De cette union naîtront deux enfants : Mohamed Karim, le 27 septembre 1971 et Toufik le 28 août 1973, tous deux nés à Clichy-la-Garenne.

Cet itinéraire correspond à celui de très nombreuses femmes maghrébines durant les Trente Glorieuses. Arrivée en France en 1968 pour rejoindre son mari, elle et sa famille ont d'abord vécu à la cité Chantilly de Saint-Denis, constituée de blocs d'immeubles datant des années 1960 et qui se rapproche quelque peu de La Courneuve en raison de sa composition sociale et de son état dégradé. C'est en 1981, après que son mari fut reparti en Algérie, qu'elle arrive à son tour dans un F3 de la Cité des 4 000 en compagnie de ses trois enfants valides.

Un F3 suppose deux chambres. Habiter à quatre dans cet appartement, cela signifie que les enfants devaient sans doute dormir dans la même pièce, ce qui ne ressemble guère à l'image véhiculée par les promoteurs des grands ensembles dans les années 1960 où parents et enfants étaient censés disposer de leur propre chambre. Une décennie plus tard, lorsque les familles immigrées arrivent à leur tour, le rêve du progrès est déjà en train de s'estomper. Certes, à l'origine, les enfants, généralement en bas âge, peuvent dormir dans la même chambre, mais souvent, lorsqu'ils appartiennent aux classes moyennes, leurs parents ont déjà rejoint l'habitat pavillonnaire dans les années 1970 et c'est dans cet environnement périurbain qu'ils passent leur adolescence. En revanche, les familles plutôt déshéritées qui leur ont succédé arrivent souvent avec des enfants plus âgés (et, dans bon nombre de cas, en plus grand nombre), et les problèmes de cohabitation viennent s'ajouter à la dégradation générale du cadre de vie au sein de ces cités.

L'enquête de police, à défaut de fournir des renseignements précis sur la personnalité de la victime, livre cependant des informations sur la situation de la famille Ouannès au moment du drame. Elle mentionne le montant du loyer, 1 300 francs par mois. Pour vivre, la mère de Toufik ne dispose que des allocations familiales pour un montant mensuel de 1 000 francs ainsi que de la pension de 3 000 francs que lui verse chaque trimestre le père de Mohamed et de Toufik et que lui-même perçoit de l'État français au titre de son invalidité. Elle dispose aussi de l'aide de sa fille, Djamila, qui lui verse sa paie pour améliorer le quotidien. La famille vit donc dans une relative précarité, comme de nombreuses autres à l'époque.

Les références à Toufik durant l'enquête sont de ce point de vue assez éclairantes. À plusieurs reprises, il est fait mention à son appartenance à l'immigration maghrébine.

En rendant compte de la visite du ministre de la Santé, Jack Ralite, dans la cité (qui offre un très bon exemple des difficultés pour lesquelles le ministre cherche des solutions), *L'Humanité* mentionne l'exemple de la précarité scolaire à La Courneuve. Dans l'une des écoles de la ville, le taux de retard scolaire est de 24 % pour le cours préparatoire et de 58 % pour les CM2. Interrogé, le directeur explique que, dès 8 h 30, les élèves sont incapables de fixer leur attention. Ceci, en lien direct, selon lui, avec les carences sociales dont souffrent les enfants. Tout laisse à penser que Toufik appartenait à cette catégorie en raison précisément de son appartenance sociale. En cela aussi, il est bien un enfant de La Courneuve. Ce qui ne l'empêchait toutefois pas d'avoir des ambitions qui sortaient largement du cadre de la cité. Selon sa mère interrogée par *Le Parisien*, son fils voulait devenir le nouveau Björn Borg. Il jouait régulièrement derrière les grands blocs de béton qui bordent la cité, selon certaines voisines interrogées par le même journal. Toujours selon elles, il adorait aussi dessiner.

Lors de mon entretien avec Abdel Saadouni, animateur qui encadrait notamment Toufik au centre de loisirs, une employée municipale qui avait l'âge de Toufik est venue me voir. Elle m'a expliqué qu'elle aussi habitait à l'époque le long du mail, mais qu'elle avait interdiction d'aller du côté de la rue Renoir. Elle connaissait pourtant Toufik, car sa sœur était dans sa classe à l'école Langevin-Wallon. Elle se souvient d'un jeune garçon très gentil, « aimé de tous », ajoute-t-elle. Un sentiment partagé par tous ceux avec qui j'ai pu m'entretenir. Sa sœur bien sûr, qui le décrit comme un enfant très éveillé (le terme reviendra à plusieurs reprises), rieur, blagueur, ajoutera-t-elle ; et son instituteur qui, lors de notre conversation, se rappelle d'un gamin sans histoire. À l'époque, il avait décidé à la rentrée d'accompagner sa classe dans le niveau supérieur, c'est-à-dire en CM1. Il avait ainsi retrouvé ses élèves de l'année précédente, sauf Toufik. « J'étais en vacances aux Sables-d'Olonne lorsque je l'ai appris par la presse locale, a-t-il raconté à un journaliste en 1983. J'ai été horrifié. Bien sûr. Les enfants ressentent son absence, mais cela leur paraît déjà très loin ». « Quant à l'un de ses anciens copains avec qui il était en classe l'année scolaire qui venait de s'écouler, il déclare avoir trouvé qu'en cette rentrée, il manquait quelqu'un »[11].

*

À la veille de la mort de Toufik, le *Journal d'Aubervilliers* se montre confiant sur les chances de réussite des dispositifs déployés sous l'égide du ministre des Affaires sociales et de la Solidarité, Pierre Bérégovoy, et de la secrétaire d'État à la Famille, à la Population et aux Travailleurs immigrés, Georgina Dufoix, qui a souhaité mettre l'accent sur des opérations de prévention. « Été rime avec jeunes », écrit le journaliste en citant la liste des animations et des activités proposées à La Courneuve pour les 13-20 ans, mais en prenant soin toutefois de poser la question pour les moins de 13 ans – précisément la catégorie d'âge de Toufik.

Sa mort relance le débat sur la délinquance juvénile dans les cités HLM. À cet égard, on sent la presse d'opinion partagée entre un sentiment de défiance à l'égard de ces jeunes et l'intérêt pour leur situation réelle.

11. Vincent Hugueux, « Rentrée sereine à La Courneuve », *Le Monde*, 10 septembre 1983.

De nouveaux affrontements ont eu lieu entre des jeunes et la police à Mulhouse, ainsi qu'à Garges-lès-Gonesse et Nanterre en région parisienne. L'auteur de l'article du *Monde* fait lui-même le lien entre les faits tels qu'ils se sont déroulés, notamment les affrontements entre jeunes et policiers, et l'origine ethnique des auteurs des actes délictueux :

> « La vie, à la fin juin et au début juillet, semble marquée dans les banlieues par de nombreux incidents. Des batailles rangées ont opposé jeunes et policiers. On serait inquiet à moins. Les jeunes en cause, n'en déplaise à quelques bonnes âmes, sont souvent d'origine maghrébine, et l'été chaud que l'on craint serait d'abord le fait de cette "deuxième génération" immigrée qui a grandi en France dans les banlieues les plus déshéritées. Une génération qui hésite entre l'intégration et la révolte »[12].

Le *Quotidien de Paris*, journal qui se situe à droite et dans une opposition virulente au gouvernement de gauche, aborde le meurtre de Toufik Ouannès avec une certaine hésitation. Dans certains articles, il est question des bandes de jeunes à l'œuvre dans la cité mais dans un autre, il est fait l'éloge des « gamins de la cité » qui ont apporté leur aide aux

12. Nicolas Beau, « L'opération "anti-été-chaud". 1983. Deux mois difficiles », *Le Monde*, 12 juillet 1983.

policiers venus enquêter sur place. Citant un policier : « C'était extraordinaire, nous n'aurions pas pu travailler normalement sans eux ». Le même policier livre d'ailleurs un avis mesuré sur la cité. Pour lui, les 4 000, « ce n'est pas Chicago ».

À gauche, on explique que la Cité des 4 000 se superpose désormais aux Minguettes dans la symbolique des « banlieues d'urgence » sur lesquelles s'accumulent toutes les étiquettes négatives : banlieues décrépites, banlieues de l'intolérance, des haines de voisinage, de la violence, de la drogue, de la petite délinquance, des immigrés, et même des « secondes générations »[13]. Un monde auquel Toufik Ouannès était totalement étranger.

Si lui n'a bien évidemment pas eu le temps de s'exprimer sur la question, que sait-on de la manière dont les jeunes de son âge percevaient leur cadre de vie ? En 1982, *L'Algérien en Europe* a justement mené une enquête à La Courneuve pour tenter de mieux connaître les conditions de vie des jeunes immigrés en France. Interrogé, un jeune de 18 ans répond sans détour : « La Courneuve, c'est une poubelle. C'est tout »[14].

13. Éditorial paru dans *Libération*, 11 juillet 1983.
14. L'Algérien en Europe. 9 avril 1982.

3.
L'enquête

C'est par un télégramme envoyé par un adjoint au maire de La Courneuve que le père de Toufik apprend la mort de son fils. Il revient aussitôt en France. Lors de son audition le 11 juillet, il livre quelques informations le concernant et permettant d'approcher au mieux la personnalité de son fils. Il est né en 1921 à Mehmali Tebessa en Algérie, entre les Aurès et la frontière tunisio-algérienne. La lecture de l'acte de naissance de Toufik mentionne quant à lui une naissance en 1922 à Mahmel, non loin de là. Résidant en France depuis 1951 après quatre années passées dans l'armée française, il a été successivement maçon puis chauffeur poids lourd. Au moment de la naissance de Toufik, il se déclare tout simplement ouvrier. En février 1980, il décide de retourner définitivement vivre en Algérie. Sa femme, la mère de Toufik et de Mohamed, refuse de le suivre. Là-bas, il se remarie et il s'apprêtait à être de nouveau père quand son fils a été tué. Il est alors employé à la cité universitaire d'Oran.

Au cours de sa déposition, il annonce qu'il se chargera des obsèques de son fils en Algérie. Et il conclut son témoignage sur ces mots : « Comme on me l'a conseillé à l'ambassade d'Algérie, je dépose plainte suite à la mort de mon fils ».

La mère de Toufik peut compter sur le soutien de ses sœurs. Il n'en reste pas moins qu'elle sera malade durant plusieurs années, selon le témoignage de sa fille. Ni elle ni sa fille ne bénéficieront d'une aide psychologique. C'est le travail, estime-t-elle encore aujourd'hui, qui leur a permis d'avancer. Lors de notre entretien, la sœur de Toufik me confiera toutefois que sa mère s'est, à la suite de la mort de son fils, refermée sur elle-même. Selon son expression, elle est comme restée bloquée. Elle est aujourd'hui enterrée dans le même cimetière que son fils, à Oran en Algérie.

Au moment du drame, malgré la douleur qui l'accable, elle entend obtenir justice pour la mort de son fils. Un journaliste du *Monde* la décrit ainsi au lendemain de l'assassinat de son fils :

> « Dans l'appartement du deuxième étage, c'est la désolation. Mme Khadoudja Ouannès, la mère de Toufik, une femme maigre et cassée, pleure son

petit dernier dont la photo trône sur le buffet. Alignés sur les chaises du salon, la sœur et les voisins assistent sans mot dire au spectacle de cette femme recroquevillée au sol, éplorée mais silencieuse après une nuit d'insomnie. Drame de femmes. Le père du petit Toufik, en effet, est reparti depuis plusieurs années pour l'Algérie. Mme Ouannès ne reçoit plus de lui qu'une pension pour un ancien accident de travail. Elle doit faire face, seule et malade, à l'éducation de ses quatre enfants, dont l'aînée, âgée de vingt-cinq ans, vit dans un foyer pour handicapés. La seconde, âgée de vingt et un ans, a été hospitalisée le soir du drame, lorsque, à la vue de son petit frère mort, elle a été prise d'une crise de nerfs. Reste maintenant le petit Mohamed, onze ans. "J'ai peur pour lui aussi, dit sa mère. Moi, si je crève, tant pis. Mais je voudrais que justice soit faite" »[15].

*

Quelques jours après le meurtre, le corps de Toufik Ouannès quitte la France. Il reposera, conformément au souhait de ses parents, en Algérie. Le sénateur-maire James Marson a accompagné la famille et le cercueil à l'aéroport, tout comme sa première adjointe qui a suivi pour la municipalité le soutien apporté à la famille.

15. *Le Monde*, 12 juillet 1983.

Après le temps du meurtre, vient le temps de l'enquête de police. Celle-ci sera supervisée par le commissaire divisionnaire Jacques Genthial. Natif de Rodez, il rejoint la capitale en 1982 pour prendre la tête de la brigade criminelle de Paris qui dépend de la préfecture de police. Policier chevronné, reconnu pour ses qualités professionnelles, il sera chargé en 1984 par le nouveau ministre de l'Intérieur, Pierre Joxe, de refondre la police scientifique.

Malgré la présence de 90 policiers mobilisés pour la circonstance, l'affaire ne se présente pas sous les meilleurs auspices, d'autant que la liste des locataires des immeubles A, B et C de la rue Renoir comporte entre 150 et 160 noms, donc autant de perquisitions à réaliser. Or, l'expertise balistique n'ayant pas encore eu lieu, il n'existe guère d'indices permettant de s'orienter plutôt vers l'un ou l'autre bloc. Quant au voisinage, il n'est guère en état de faciliter la tâche des enquêteurs. Selon la gardienne qui a dressé la liste et qui n'était arrivée elle-même qu'en mai de la même année, elle ne voit personne qui aurait pu commettre un tel acte. Personne n'est venu non plus la voir pour se plaindre de bruits dans les immeubles, ni même aux alentours. Il s'agit donc de perquisitionner un par un les appartements dont les fenêtres donnent sur l'endroit où a lieu le meurtre, en espérant trouver l'arme du crime ou bénéficier de l'aveu spontané du tireur – ce qui paraît toutefois improbable, dans la mesure où personne ne s'est jusqu'ici dénoncé. La partie s'annonce donc très serrée pour la police. Il faut également compter avec le maire de La Courneuve ainsi que son adjointe, présents durant tout le temps de la perquisition.

Dès le lundi matin 11 juillet, les hommes du commissaire Genthial sont à pied d'œuvre pour engager la fouille systématique de tous les appartements de l'immeuble du 2 de la rue Renoir. En compagnie de la concierge de l'immeuble et du gérant de la cité, il s'agit de retrouver l'arme qui a tué Toufik. Environ 200 policiers ont été mobilisés pour la circonstance. Les investigations commencent par les parties communes, mais sans résultat. Les garages réservés aux deux-roues, les gaines de vide-ordures ainsi que les caves sont fouillés, en pure perte. Le toit du centre culturel Jean-Houdremont, qui borde l'impasse longeant l'arrière du bloc où vivait Toufik, fait aussi l'objet d'une investigation. Les premières fouilles permettront de découvrir une carabine de chasse à la crosse brisée. Elle se trouvait, selon le procès-verbal, sur un auvent-terrasse en béton qui court tout le long de l'immeuble situé rue Renoir au niveau des appartements situés au premier étage, côté opposé à la façade devant laquelle a été commis l'homicide.

On finira par savoir qu'elle appartient à un résident de la rue Renoir : « Le propriétaire de l'arme, présent sur les lieux et interpellé, nous déclare que la carabine a été brisée par son fils qui l'a ensuite jetée par la fenêtre d'où elle est tombée sur la terrasse où elle a été découverte », note l'enquêteur qui rédige le rapport. Curieuse manière de se débarrasser de ce que l'on ne veut plus en le jetant par la fenêtre, surtout lorsqu'il s'agit d'une arme à feu.

D'autres usages sont aussi révélés à l'occasion de l'enquête. Un autre habitant du 2, rue Renoir reconnaitra que descendant de chez lui, il avait été interrogé par des policiers qui cherchaient d'où avait eu lieu le tir. Il avait déclaré spontanément posséder un revolver à air comprimé tirant lui aussi des plombs de type diabolo. Avait-il remarqué quelque chose le soir du drame ? « Je dois vous dire qu'ici, il y a tellement de bruit, entre les motos, les voitures et les gens qui se disputent, que nous ne faisons plus attention ». Il indiquera aussi qu'il y avait effectivement des gens qui tiraient de temps à autre dans des bouteilles ou autres cibles. Et ceci, au cœur même de la cité.

L'enquête se poursuit donc. L'une des difficultés vient du fait que les policiers ne savent pas à quel type d'armes s'attendre. À cette date, la police semble encore hésiter entre une carabine et un pistolet, si l'on en croit le rapport de l'inspecteur principal qui supervise les opérations.

Commence alors la fouille des appartements à proprement parler. Chaque visite donnera lieu à une fiche de renseignements établie par les enquêteurs. Ils confirment les constats établis sur l'état de la cité au moment de la préparation du projet établi par la Commission nationale du développement social des quartiers. Conformément au profil démographique, la très grande majorité des appartements visités est occupée par des familles d'origine étrangère. La plupart d'entre elles sont d'origine maghrébine comme la famille Ouannès, mais il y a aussi des ressortissants pakistanais, par exemple, et, plus inattendu, une locataire née en 1915 dans la Creuse. La qualification professionnelle fait état de résidents aux revenus modestes. On y trouve ainsi de nombreux manutentionnaires.

La condition modeste de nombreux locataires n'empêche toutefois pas les cambriolages. L'occupant d'un studio informe, par exemple, les policiers que, si son logement est « sommairement meublé » selon les termes inscrits dans le procès-verbal, c'est qu'il a été récemment cambriolé et qu'une partie de son mobilier lui a été dérobée. La Cité des 4 000 se caractérise au début des années 1980 par sa pauvreté relative, ainsi que par son insécurité dont les résidents de catégorie sociale modeste, quelle que soit leur origine ethnique, sont précisément les premières victimes. Un certain nombre d'observations faites par les enquêteurs contribuent à mieux faire comprendre le vécu dans une cité de ce type dans ces années où les programmes de réhabilitation peinent à se mettre en place. Le logement de la famille du meurtrier, dans l'escalier B au 2e étage, est lui-même assez modeste. Le procès-verbal de la perquisition rend compte de sa disposition : trois pièces principales avec une cuisine permettant d'accéder à un débarras et un cabinet de toilette. Un salon dessert d'un côté la chambre des parents et de l'autre, un couloir bordé de placards donne accès en face à la salle de bains. À gauche, une autre chambre est occupée par le fils du couple.

*

Deux jours après le meurtre, l'affaire prend une nouvelle tournure en raison de son retentissement national. *Le Parisien* évoque ainsi « une cité en état de siège ».

Le 11 juillet dans la matinée, la direction en charge de l'affaire a donc été dessaisie au profit de la brigade criminelle de la préfecture de police de Paris, dirigée par Jacques Genthial. L'affaire est jugée suffisamment grave pour que l'on mobilise un maximum de policiers experts. Plus de vingt-quatre heures après le crime, l'assassin n'a toujours pas été arrêté et les tensions se font de plus en vives au sein de la cité.

Certains habitants reprochent aux policiers de ne pas commencer immédiatement les perquisitions. D'autres ajoutent que si la police ne se presse pas, c'est en raison de l'origine maghrébine de la victime. L'urgence est donc de trouver au plus vite l'assassin avant que la situation sur place ne dégénère.

L'ambiance est en effet pesante dans les heures qui suivent le décès de Toufik. Cela tient à la difficulté de trouver le tireur dans cet anonymat de béton, à l'instar de *France-Soir* qui titre le 11 juillet : « 175 suspects pour le meurtre de Toufik ». Il faudrait l'armée pour tout fouiller, selon une source policière anonyme. Le quotidien évoque de surcroît la difficulté de procéder à des perquisitions nocturnes (illégales avant 6 h du matin), qui plus est dans le contexte de la fin du ramadan. L'enquête s'avère également difficile en raison de l'hostilité ambiante à l'égard de la police. Toujours selon *France-Soir*, « l'enquête est retenue, car la police se heurte à l'hostilité des habitants ». Selon un habitant, resté lui aussi anonyme, « nous, les Arabes, on veut tous nous tuer. Et les flics s'en foutent ».

Quand les enquêteurs redescendront de l'immeuble, ils consigneront dans leur rapport le fait « que des groupes divers se sont formés, groupes qui paraissent échauffés et hostiles, certains prononcent des phrases pleines d'hostilité, notamment à l'égard de la police ». L'inspecteur divisionnaire chargé de superviser l'enquête écrit à ce sujet : « Aux abords de la rue Renoir, dans la Cité des 4 000, nous avons été entourés par un groupe important de jeunes gens dont certains cherchaient l'incident ». Plusieurs télégrammes confidentiels émanant des services de police rendent compte eux aussi de l'état de tensions qui règne au moment des perquisitions. On apprend aussi à cette occasion qu'une centaine de policiers appartenant aux corps urbains ainsi qu'aux effectifs spécialisés, selon la terminologie policière officielle, ont été mobilisés pour la circonstance.

En fin de matinée, l'auteur du coup de feu mortel n'a toujours pas été identifié. Par la suite, on apprendra qu'il a quitté la cité, comme à son habitude, très tôt pour se rendre à son travail. À cette heure très matinale, il n'a pas pu se rendre compte de l'effervescence qui régnera plus tard dans la cité. C'est donc en début d'après-midi, à son retour chez lui, que le cours des événements va brusquement s'accélérer.

C'est après son déjeuner, alors qu'il s'apprête à nourrir son chien, que les policiers sonnent à la porte de René Aigueperse comme ils le font dans l'immeuble depuis le début de la matinée. Il est alors seul dans l'appartement, son épouse travaillant à Paris comme tous les jours de la semaine. À la question des policiers (à savoir, possède-t-il une arme ?), il répond aussitôt par l'affirmative. Il reconnaît détenir une carabine 22 Long Rifle qu'il range dans sa chambre, sous son lit. Il l'a achetée chez un armurier du 19ᵉ arrondissement de Paris, explique-t-il, pour s'amuser à tirer durant ses séjours dans le Lot. Les enquêteurs trouvent également un silencieux, deux boîtes de cartouches, une boîte d'huile spéciale ainsi qu'un lot de cibles (modèle stands de foire et d'autres marquées « modèle de l'Union nationale des sociétés de tir de France »). Il précisera aux policiers qu'il ne s'en est jamais servi à La Courneuve, mais seulement *au pays*, selon son expression. En outre, il affirmera qu'il était parfaitement au courant de la dangerosité d'une telle arme.

À la seconde question qui lui est posée, il reconnaît avoir tiré un coup de feu lors de la soirée du 9 juillet. Dans l'autre chambre, celle du fils, les policiers trouvent, toujours sous le lit, une seconde arme : une carabine à air comprimé de la marque « Lion Brand » avec marquée dessus l'inscription : « Made in China ». L'arme est dotée en bout de canon d'un silencieux. René Aigueperse précisera qu'il l'a achetée pour son fils par correspondance à *La Redoute*. Une boîte de 500 balles est également trouvée. L'épouse de René Aigueperse affirmera aux policiers ignorer l'endroit où se trouvait cette carabine. « Pour moi, ça n'avait aucune importance », dira-t-elle. Visiblement, les armes à feu s'intègrent parfaitement dans le quotidien de la famille Aigueperse.

Dans la même chambre, sur l'une des tablettes d'un buffet, les enquêteurs découvrent aussi un pistolet à air comprimé avec cette fois l'inscription « Diana. Modèle 2. Made in Germany ». Cette découverte va aboutir à l'inculpation de René Aigueperse pour meurtre.

La détention de plusieurs armes par René Aigueperse suscite différentes observations en lien avec la recrudescence des faits divers dans les cités HLM durant l'été 1983. Il a vécu longtemps au sein d'un territoire rural où les armes à feu, utilisées notamment pour la chasse, sont courantes. Lui-même racontera aux policiers que lorsqu'il revenait dans le Lot avec sa famille, il apportait ses armes avec lui afin de s'entrainer avec son fils sur des cibles placées dans une décharge à la sortie du village. On peut donc y voir le maintien d'une tradition importée dans un territoire pourtant aux antipodes de la ruralité et de ses usages. Monique Aigueperse livrera sur ce point précis une information intéressante aux enquêteurs : son mari avait déjà tiré une fois auparavant dans la cité. C'était à peine quelques semaines plus tôt, lors de la première Fête locale de la musique instaurée au plan national par le ministre de la Culture, Jack Lang, en juin 1982 :

> « Depuis notre appartement, avec mon fils, ils ont tiré sur des gros ballons de baudruche qui dépas-

saient du centre culturel en face de chez nous. Je me souviens de cela car ils m'ont dit ensuite qu'ils n'ont pas réussi à en atteindre un seul. C'est mon fils qui m'a parlé de ça. Je crois que mon mari a fait une remarque au sujet de cette carabine qui, selon lui, n'était pas précise ou pas assez puissante ».

Une conclusion s'impose : René Aigueperse n'en était donc pas à son premier tir dans la cité.

4.
Un terrible accident

Il convient de se pencher sur la version de René Aigueperse telle qu'il l'a présentée lors de ses différents interrogatoires. Dès le départ, il a déclaré vouloir collaborer avec la police : « Au terme de la longue conversation que nous venons d'avoir avec vous et vos collègues, explique-t-il lors de son premier interrogatoire, le jour de son arrestation, je suis disposé à vous dire quel a été mon rôle exact dans la mort du jeune Arabe, samedi soir ». La qualification de Toufik par René Aigueperse peut faire penser au roman de Camus, *L'Étranger*, dans lequel Meursault qualifie lui aussi de cette manière sa victime.

Le récit de René Aigueperse permet ainsi de reconstituer avec précision le déroulement de sa journée du 9 juillet, qui aurait dû être pour lui une journée ordinaire de travail.

Ce jour-là, il s'est levé à 4 h du matin pour prendre son service à 5 h 30 du côté d'Asnières et Gennevilliers, à la RATP. Rentré chez lui à 13 h, il a déjeuné avec son épouse comme à leur habitude. Dans un premier temps, il a envisagé de faire la sieste, mais il en a été empêché par des bruits sous ses fenêtres. Des enfants faisaient éclater des pétards et des motos circulaient sans cesse. Mécanicien de formation, René Aigueperse prend soin de préciser que certains de ces engins avaient très certainement leur pot d'échappement trafiqué, sans doute pour faire plus de bruit.

Il décide alors de partir travailler au jardin qu'il loue à Saint-Denis, à 800 mètres de son domicile. Aussi curieux que cela puisse paraître, il s'agit là d'un trait commun à bon nombre de grands ensembles. Plusieurs constructeurs avaient en effet prévu des espaces maraîchers individuels afin de permettre aux nouveaux résidents de disposer de parcelles à cultiver. Il faut aussi garder à l'esprit qu'un certain nombre de néo-résidents des grands ensembles sont d'anciens ruraux ou, du moins, habitaient auparavant des provinces encore fortement marquées par une identité rurale. C'est le cas de René Aigueperse et de son épouse, qui ont vécu la plus grande partie de leur vie dans des villages du Lot avant de venir s'installer en région parisienne.

Son épouse l'ayant rejoint en fin d'après-midi, René Aigueperse est de retour chez lui aux alentours de 19 h. Il s'apprête alors à vivre une soirée somme toute banale. Un samedi soir en banlieue comme en vivent des centaines de milliers de couples : repas devant la télévision puis coucher. L'offre culturelle est limitée. Le fait de se rendre à Paris étant plutôt compliqué, c'est la plupart du temps la télévision qui fait office de passe-temps pour les familles. René Aigueperse se rappelle que ce jour-là, il a tout d'abord regardé les actualités régionales pendant que son épouse préparait le repas, puis l'émission *Le Théâtre de Bouvard*. Ils ont dîné en continuant à regarder la télévision, dont les infos de la chaîne nationale. Ce jour-là, l'actualité est plutôt calme. Tandis qu'Israéliens, Français et Américains discutent du retrait des forces étrangères au Liban, sur le plan intérieur, c'est Georgina Dufoix, la secrétaire d'État à la Famille, à la Population et aux Immigrés qui retient l'attention des médias. Elle a nommé par arrêté ministériel Paul Bouchet, ancien bâtonnier de Lyon, pour présider le Fonds d'action sociale (FAS). Quant au Pape Jean-Paul II, il s'apprête à faire un voyage officiel dans son pays natal, la Pologne.

Une fois le repas terminé, René Aigueperse aide son épouse à débarrasser la table, puis tous les deux continuent à regarder la télévision dans la pièce de l'appartement qui sert de salle à manger et de salon, et qui donne sur l'arrière du bâtiment. Durant son premier interrogatoire, il se rappelle s'être levé pour augmenter le volume sonore de la télévision car, depuis son retour du jardin, les bruits de pétards sous leurs fenêtres n'ont pratiquement pas cessé. C'est à ce moment-là que réveillé (il s'était assoupi dans le fauteuil comme presque tous les soirs, précisera sa femme), il a jeté un coup d'œil par la fenêtre de la salle à manger. Celle-ci, en raison de la chaleur, est grande ouverte. Il voit alors plusieurs gamins, peut-être une dizaine selon lui, en train de faire exploser des pétards en bas de l'immeuble. Il leur demande alors, sans se souvenir exactement des termes utilisés, de poursuivre leurs jeux un peu plus loin. Il est aux alentours de 19 h-19 h 30.

La version de René Aigueperse ne concorde pas tout à fait sur ce point avec celle des amis de Toufik :

> « J'ai été réveillé en sursaut et je suis allé à la fenêtre de ma salle de séjour. J'ai vu les gamins qui faisaient tout ce bruit et je les ai enguirlandés ».

L'un des jeunes présents ce soir-là aux côtés de Toufik Ouannès affirmera au contraire que « personne ne nous a engueulés ». Ce qui ne semble toutefois pas conforme à la réalité dans la mesure où d'autres témoignages font, eux aussi, état de plaintes (orales) provenant de proches voisins. C'est lui-même qui racontera aux enquêteurs l'épisode du jet de la bouteille depuis les étages.

Cela n'a en effet pas été suffisant pour que le groupe cesse de faire claquer les pétards. Ils se sont juste un peu déplacés, mais pas assez pour que la nuisance cesse pour les voisins immédiats. On peut faire l'hypothèse que l'absence de mouvement des jeunes s'explique moins par un refus d'obtempérer à l'égard d'un ordre venu d'un adulte, que tout simplement de la dilution de l'appel dans le bruit diffus du grand ensemble. L'hypothèse semble d'autant plus recevable que, dans le cas présent, il s'agit d'un bâtiment de 43 mètres de haut, composé de 15 étages, et réparti sur 200 mètres par trois halls d'entrée (A, B, C). C'est une forme urbaine assez courante, banale, ayant fait l'objet de nombreuses études de sociologues ou de spécialistes de l'urbanisme et de l'architecture et de mises en garde contre les effets de désocialisation, peut-être même de déshumanisation, que pouvaient produire de telles formes urbaines[16].

Ayant constaté que son appel n'a pas été entendu, René Aiguepersc décide alors de prendre la carabine

16. Comment ne pas penser au film de Jacques Tati, *Playtime*, sorti en 1967 sur les écrans, qui traite de l'indifférence sociale dans le cadre de l'architecture moderne ? Avant lui, d'autres cinéastes réputés comme Fritz Lang avec *Metropolis* (1927) et Jean-Luc Godard avec *Alphaville* (1965) s'étaient eux aussi intéressés à ce thème : comment des individus ne parviennent plus à communiquer entre eux, noyés dans un urbanisme qui s'est coupé des formes de sociabilités traditionnelles telles qu'elles existaient encore dans certaines petites villes ou les villages.

à air comprimé qui se trouve dans la chambre de son fils. Quelques minutes à peine se seraient apparemment écoulées entre le sentiment de n'avoir pas été entendu et la décision de se servir de cette arme. Dans quel état d'esprit précis se trouve-t-il à ce moment ? Est-ce la colère qui domine ou s'agit-il d'un geste réfléchi pour mettre enfin un terme à ce type d'agissements qui n'ont fait que se développer depuis le début de l'été ? Sur ce point, pourtant fondamental pour la qualification ou non de l'homicide volontaire, René Aigueperse n'a jamais vraiment livré sa version des faits.

De la même manière, René Aigueperse a-t-il juste voulu effrayer les jeunes comme il le dira aux enquêteurs, ou y a-t-il eu volonté manifeste de blesser, voire de tuer ? Il ne variera jamais de version : il s'agissait seulement, selon ses propres termes, « d'effrayer les gamins ». Pour étayer sa thèse, il revient à plusieurs reprises dans le détail sur les circonstances précises dans lesquelles a eu lieu le tir. Selon lui, il y avait devant la fenêtre une table qui l'empêchait précisément d'ajuster son tir. Il aurait donc épaulé l'arme sans réellement être en mesure d'ajuster son tir. Preuve qu'il ne visait pas explicitement le groupe d'enfants, mais qu'il voulait juste les effrayer comme on voudrait disperser un groupe d'étourneaux venus picorer les récoltes. « J'ai tiré au jugé, dans la direction du groupe, enfin là d'où venaient les bruits, mais sans voir les gamins qui se tenaient en bas », affirme-t-il aux enquêteurs. Il pensait avoir tiré vers la cime des arbres et non pas en direction du groupe d'enfants :

> « Je ne voyais pas les enfants lorsque j'ai tiré. De toute façon, je n'avais absolument pas l'intention de leur tirer dessus. Après mon coup de carabine, je me suis penché pour voir si mon coup de semonce avait porté ses fruits. À ce moment, j'ai vu les gamins qui étaient sur le trottoir ou à proximité et qui continuaient de faire exploser des pétards. Je pensais que mon initiative n'avait eu aucun effet. J'ai pesté en moi-même et j'ai remis la carabine dans sa boîte, je suis allé promener mon chien ».

Ce qui, de fait, l'exonèrerait d'une responsabilité directe dans les conséquences meurtrières de son geste. Dans une autre déposition, il admettra avoir eu l'intention de viser le groupe, mais sans réelle volonté de toucher l'un d'entre eux. Ce qui ne convaincra pas les enquêteurs en charge du dossier. À l'un d'entre eux qui lui faisait remarquer que le bruit d'une carabine à air comprimé ne pouvait pas couvrir celui des pétards, René Aigueperse affirmera n'avoir pas vraiment réfléchi à cette question. Des zones d'ombre et de flou qui peuvent peut-être s'expliquer par l'attitude d'un couple désemparé face à une procédure extrêmement lourde, surtout au regard de la gravité des faits reprochés au mari.

Les informations apportées par l'épouse de René Aigueperse ne permettent pas non plus de préciser certains points, en particulier l'intentionnalité ou non du geste commis par son mari. Au moment où a eu lieu le tir, elle était, explique-t-elle, en train de faire la vaisselle dans la cuisine et n'a donc pas vécu l'événement en direct. Elle expliquera également ne plus se souvenir que son mari, ce soir-là, s'était particulièrement plaint du bruit dans la cité.

La fouille minutieuse réalisée par les services de police sur le lieu du drame confirmera ce que René Aigueperse avait dit aux enquêteurs, à savoir qu'il n'avait tiré qu'une fois, ce qui pourrait confirmer la thèse selon laquelle le but n'était pas de viser explicitement un individu, mais plutôt d'envoyer un avertissement au groupe d'enfants concerné. Il précisera aussi aux enquêteurs qu'après avoir tiré, il a poussé la table de télévision, munie de roulettes. Il s'est penché pour voir ce que faisaient les enfants, leur groupe étant toujours à la même place. « Je n'ai pas observé qu'ils bougeaient à ce moment. En tout cas, je n'ai pas saisi que l'un d'entre eux ait eu une attitude particulière ». Voulait-il mesurer les conséquences de son geste, bien qu'il ait affirmé ne pas avoir voulu viser le groupe ? Il s'agit là d'un point central qui ne sera pourtant jamais vraiment explicité par l'enquête en dehors des relevés techniques.

Une fois l'arme rangée dans sa boîte, il décide d'aller promener son chien dans le quartier comme il le fait régulièrement le soir, après le dîner. Est-ce une décision motivée par l'envie d'aller voir in situ les conséquences de son acte ? Rien, dans les différents procès-verbaux, ne permet d'étayer cette thèse. À ce moment, tout laisse à penser qu'il ignore réellement la portée de son geste. Pour justifier son choix de sortir, il précisera que son intention était aussi de passer par son jardin car il arrivait que d'autres laissent la porte ouverte, ce qui, selon lui, incitait certains enfants à saccager les jardins.

En rentrant, il admet avoir croisé deux policiers dans le quartier, tout en précisant qu'il ne s'y était guère intéressé dans la mesure où il est fréquent que des forces de l'ordre soient appelées à cause d'une bagarre ou d'un vol. Dans le cas présent, la police aurait très bien pu être appelée sur place afin de mettre un terme à l'usage des pétards.

René Aigueperse poursuit donc son week-end sans avoir connaissance, apparemment, du drame qui vient de se produire en bas de son propre immeuble. Une fois rentré chez lui, il se couche et prend un somnifère. Selon le témoignage de son épouse, il s'est couché vers 21 h et elle, vers 22 h 30, c'est-à-dire à peine une heure après le décès de Toufik.

Le lendemain, dimanche, il met son réveil à 4 h car il travaille aussi ce jour-là. En rentrant chez lui, il reconnaît avoir vu des policiers en bas de son propre immeuble, mais cela ne l'a toujours pas perturbé car, selon lui, il y en a tous les jours. « Il y avait bien des gens, explique-t-il aux enquêteurs, j'ai l'impression que c'était des jeunes, mais chaque fois qu'il y a une voiture de police ou de pompier, il en est ainsi, et je n'y ai pas prêté attention ». S'agit-il d'une réelle indifférence à son environnement proche, ou s'est-il à ce moment enfermé dans une sorte de déni ? Les deux hypothèses ne trouvent guère de réponses probantes dans les différentes réponses apportées par René Aigueperse aux enquêteurs.

C'est en regardant les informations à la télévision en déjeunant que le couple Aigueperse apprend qu'un enfant a été tué la veille au soir dans la cité d'une balle de 22 Long Rifle, précise le présentateur. René Aigueperse a-t-il alors été tenté de faire un rapprochement entre son propre tir et l'annonce du drame ? Pas du tout, à l'en croire. D'une part, le reportage sur le drame a montré d'autres immeubles que le sien, expliquera-t-il. D'autre part, il est évoqué une carabine 22 Long Rifle, ce qui le met de fait hors de cause puisqu'il a tiré avec une carabine à air comprimé.

Le dimanche après-midi, comme beaucoup de Franciliens vivant dans ces cités où les distractions sont rares, le couple décide de prendre sa voiture pour s'échapper du quotidien. Ce jour-là, ils se rendent aux Coudreaux de Chelles en Seine-et-Marne où réside sa famille. Dans sa déposition, Monique Aigueperse reconnaît avoir trouvé son mari « bizarre » durant toute l'après-midi : « Je veux dire blanc et fatigué au point que je lui ai demandé si cela allait. Il m'a répondu : "J'ai un coup de barre" ».

C'est en rentrant à La Courneuve vers 21 h 30 qu'ils ont croisé, au carrefour des Six-Routes, un défilé et qu'ils font alors le rapprochement avec la mort de cet enfant évoqué le midi au journal télévisé. René Aigueperse se rappelle pour sa part avoir entendu plusieurs personnes crier « Donnez-nous l'assassin ! ». De son propre aveu, il a bien pensé tout de suite au jeune qui a trouvé la mort la veille au soir dans la cité mais, selon ses propres dires, il ne se sent toujours pas concerné. « De toute façon, explique-t-il, j'étais convaincu d'avoir tiré bien au-dessus du groupe d'enfants qui avait fait exploser des pétards au-dessous de mes fenêtres ». De même, il ne semble pas s'être posé la question de savoir pourquoi il y avait également un attroupement – composé cette fois essentiellement de journalistes – devant l'entrée C du 2, rue Renoir. Enfin, une information livrée par l'épouse de René Aigueperse aurait dû alerter quelque peu ce dernier. Le soir même du drame, en fin de soirée, vers 23 h, une voisine était venue sonner à leur porte :

> « Une femme de couleur est venue frapper à notre porte. Je n'ai pas ouvert, ne sachant pas de quoi il s'agissait. Mais mon chien a aboyé, et quelques instants après, mon mari s'est réveillé. "Mais qu'est-ce qui se passe". Je lui ai expliqué et il m'a dit : "tu as bien fait de ne pas ouvrir" ».

Un événement relativement incongru qui aurait pu l'alerter sur la fébrilité qui régnait alors au sein de la cité, tout particulièrement dans son propre immeuble.

L'attitude de René Aigueperse au cours de ce dimanche, quelques heures seulement après avoir appris la nouvelle par la télévision, intrigue. D'après son épouse, le trouble semble s'être emparé de lui après l'annonce officielle de la mort de Toufik.

> « Au cours du trajet retour, en passant à côté du grand carrefour des Six-Routes, nous avons vu la manifestation à la suite de la mort de l'enfant. J'ai alors engagé la conversation à ce sujet. René ne m'a pas vraiment répondu, et comme s'il parlait pour lui, mais à haute voix, il a prononcé une phrase du genre "Je ne pense pas qu'un petit calibre", ou "Je ne pense pas qu'une carabine comme ça", ou "Je ne pense pas qu'un plomb de cette taille", "ait pu tuer un gosse". Je n'ai pas compris le sens de sa phrase sur le coup ou par la suite et je ne lui ai

demandé aucune explication. À aucun moment, je n'ai alors pensé que mon mari était à l'origine de cette mort. Il me l'aurait dit que je ne l'aurais pas cru. C'est peut-être pour cela qu'il n'a pas insisté dans cette discussion, voyant que je ne comprenais pas le sens de ses paroles. C'est la seule fois d'après mes souvenirs sur ces trois derniers jours qu'il m'a parlé, sans que je comprenne, de cela : je n'ai pas compris qu'il s'était servi de la carabine à air comprimé ».

On peut ainsi penser que René Aigueperse commence à être pris de doutes. Et si c'est lui qui avait provoqué, sans le vouloir, ce drame ? Et si la carabine à air comprimé qu'il croyait pourtant inoffensive pouvait tuer ? Et si son tir qui se voulait de sommation avait en réalité touché l'un des enfants, allant jusqu'à le tuer ? On imagine qu'au fil de l'après-midi du dimanche, s'est installé chez lui un sentiment de panique intérieure. L'assurance qui était la sienne encore quelques heures auparavant semble alors s'être considérablement réduite au fil des heures. Se peut-il qu'il ait, lui, commis l'irréparable ?

Rentrés chez eux, ils se sont couchés. Son mari s'étant levé à 4 h comme à son habitude, Monique Aigueperse ne le reverra plus avant son arrestation par les policiers le lundi après-midi.

*

Ce lundi 11 juillet, à 16 h 30, René Aigueperse se voit signifier sa garde à vue « et ce, pour les besoins de l'enquête » selon la formule traditionnelle. À l'annonce de son arrestation, plusieurs jeunes s'en prennent aux policiers restés sur place. Ce mouvement s'accompagne de jets de pierre et de lancers de bombes lacrymogènes durant quelques minutes. Des vitrines sont brisées et une librairie-tabac incendiée. Une compagnie de CRS se rend sur place en renfort. « Pas des gens de chez nous », répondent plusieurs jeunes de la cité pour se dédouaner des actes qui viennent d'avoir lieu.

Quand le calme revient, la mère de Toufik apparaitra depuis une fenêtre au 2e étage de son immeuble afin de remercier de leur soutien les habitants de la cité. Sur la photo, on perçoit une femme aux traits tirés mais extrêmement digne. Le préfet de Seine-Saint-Denis et le maire de La Courneuve sont également présents au moment de l'annonce.

Sur place, un officier de la balistique signale que les caractéristiques de l'arme retrouvée chez René Aigueperse sont bien compatibles avec la distance séparant l'appartement et la position de la victime au moment des faits. L'angle de tir correspond également. René Aigueperse est aussitôt emmené au quai des Orfèvres.

Qu'a-t-il pensé le long du trajet entre La Courneuve et Paris ? La réponse n'apparaît évidemment pas dans les archives. Toutefois, il a forcément pris conscience qu'il était bien l'auteur du coup de feu mortel. Au même moment, d'autres policiers se rendent au siège de la Brinks à Paris où travaille Monique Aigueperse, afin de lui signifier, à elle aussi, sa garde à vue (qui sera néanmoins levée dès le lendemain). Dans son sac à main, les policiers trouveront un couteau en nacre de dix centimètres ainsi qu'une bombe lacrymogène.

Si René Aigueperse est finalement arrêté le lundi en début d'après-midi, les troubles se poursuivront tout au long de la soirée. Alors que le dispositif est partiellement levé en fin d'après-midi, un télégramme envoyé au procureur de Bobigny faisant état du fait que

> « environ deux cents personnes, à majorité maghrébine, ont manifesté spontanément, jetant sur le service d'ordre divers objets et incendiant un véhicule épave. Au cours de ces échauffourées où le service d'ordre a gardé son calme, un officier de paix principal et trois gardiens de la paix ont été blessés sans gravité par des jets d'un produit corrosif et par des projectiles. Trois véhicules de police ainsi qu'un car de CRS ont été endommagés ».

Les trois manifestants arrêtés par la police sont déjà connus pour différents vols commis au cours des années précédentes. Après avoir été entendus, ils sont finalement remis en liberté, aucune charge n'ayant été retenue contre eux. Il faut attendre 21 h 15, après une réunion entre les élus locaux et le directeur départemental des polices urbaines à laquelle assistent des représentants de l'amicale des locataires, pour que la foule se disperse enfin. Le calme reste toutefois précaire. Des appels téléphoniques (qui se révèleront faux) signalent aussi la présence dans la cité d'individus armés, de jeunes cassant des vitrines ainsi que plusieurs bagarres. Seul fait avéré, signalé lui aussi par un télégramme qui décrit ainsi l'incident qui s'est produit au cœur de la cité en marge des manifestations :

> « Un véhicule de Radio France a été roulotté par plusieurs individus de type nord-africain qui se sont enfuis avec une sacoche. Jusqu'à 5 h, une trentaine de personnes étaient toujours sur place ».

Durant la nuit, plusieurs autres incidents seront à déplorer. À 1 h 30 du matin, les forces de l'ordre devront intervenir dans le centre commercial du boulevard Leclerc pour des bris de vitrines de commerce. Un départ de feu est également signalé. La qualité des cinq individus arrêtés témoigne du caractère éclectique des individus dont les dates de naissance varient entre 1959 et 1964. Tous sont résidents à La Courneuve; deux travaillent, deux sont sans profession et le dernier est enregistré comme écolier (né en 1963). L'un des prévenus est interpellé en possession d'un couteau et l'autre, d'un manche de pioche. Jusqu'au 15 juillet, des CRS stationneront dans la cité à la demande du préfet de Seine-Saint-Denis.

5.
René Aigueperse

Dès son arrivée, René Aigueperse subit un premier interrogatoire ayant pour but principal de lui faire décliner son état civil. Il passe sans difficulté aux aveux. Sa ligne de défense est tracée : il reconnaît être l'auteur du tir, mais réfute l'idée d'avoir voulu intentionnellement viser le groupe d'enfants. Une version qu'il réitèrera lors de sa première comparution devant le juge d'instruction le lendemain 12 juillet.

Dès lors, se pose la question de savoir s'il a agi intentionnellement ou non. L'enjeu est essentiel, puisque c'est précisément la qualification d'homicide volontaire qui est en jeu.

Pour l'heure, le service de la balistique est chargé de préciser les conditions dans lesquelles a eu lieu le tir. Dans un premier temps, il précisera que, si on ne peut déterminer avec exactitude l'origine du tir compte tenu du calibre utilisé, ainsi que de la portée moyenne de telles armes et de la position approximative de la victime, il semble toutefois que les coups n'aient pas été tirés depuis un étage supérieur au 6e, et ce, pour les entrées A, B ou C. Une fois l'arme identifiée, elle est examinée par le chef du laboratoire de police de la préfecture de police de Paris, par ailleurs expert auprès des tribunaux. Il s'agit notamment de déterminer la puissance de l'arme qui a été utilisée par René Aigueperse.

Dans un premier temps, la section balistique du laboratoire de police scientifique de la préfecture de police de Paris avait jugé « hautement improbable » qu'une telle arme ait pu atteindre l'enfant. Selon le rapport, la carabine à air comprimé « Lion Brand », de fabrication chinoise, appartient à la catégorie de ce type d'arme dit « à ressort » dans la mesure où pour la faire fonctionner, on comprime un ressort puissant couplé à un piston. Selon le rapport d'analyse, ce type d'arme n'appartient pas à la catégorie des plus puissantes (les deux autres étant celles à air comprimé à pompe et celles à gaz carbonique). En ce qui concerne la capacité de perforation, le rapport peut affirmer que la carabine utilisée est la moins « performante ». Le test utilisé sur du sapin sec avec la carabine « Lion Brand » avec des plombs « diabolo » de calibre de 4,5 mm indique une pénétration de 13 mm à la bouche du canon.

Toujours selon le rapport, on peut conclure que la carabine utilisée par René Aigueperse se présente comme une arme de puissance moyenne. Selon les normes cynégétiques en vigueur aux États-Unis, ce type de carabine est d'ailleurs proscrit dans la mesure où elle est trop faible pour tuer le gibier et risque donc de le blesser inutilement. De plus, les décès humains constatés à la suite de tirs réalisés avec ce type d'arme sont « rarissimes », selon le terme utilisé. Il s'agit donc de comprendre pourquoi, dans le cas présent, le tir s'est pourtant avéré mortel. Selon l'expert en charge de l'étude, on peut penser que seul un concours de circonstances a pu entraîner la mort de la victime.

Trois facteurs explicatifs complémentaires peuvent étayer cette thèse. Tout d'abord, la jeunesse de la victime qui ne possédait guère un épiderme résistant et ne disposait que d'une faible protection musculaire, qui plus est en raison de son âge et de son gabarit (1,41 m pour 36 kg, selon le rapport légiste). D'autre part, l'endroit même de la blessure, à savoir la clavicule gauche, est qualifié « d'endroit sensible », c'est-à-dire sans protection osseuse et à proximité du cœur. Enfin, au moment des faits, Toufik n'avait pas sur lui de vêtements qui auraient pu venir atténuer l'impact du plomb tiré par la carabine. Ce soir-là, il faisait en effet très chaud et il n'était vêtu que d'un tee-shirt qui, en outre, ne couvrait pas cette partie du corps.

L'analyse scientifique penche donc pour un malheureux concours de circonstances tout en prenant le soin de rappeler que l'utilisateur de l'arme est le seul responsable de l'usage qu'il en fait. Ce qui met en avant la question de la direction du tir. René Aigueperse avait immédiatement affirmé aux enquêteurs qu'il avait tiré sans volonté de viser précisément et donc de toucher une cible. De ce point de vue, dans le cadre d'une nouvelle commission rogatoire délivrée par le juge d'instruction le 21 décembre 1983 à propos du tir, l'analyse balistique est formelle : il s'agit d'une « trajectoire du tir fortement descendante » et non pas horizontale comme René Aigueperse l'avait pourtant lui-même affirmé aux policiers.

Dans sa déclaration du 12 juillet, il semble déjà un peu plus hésitant : « Il est possible que je me sois incliné vers l'avant, sans prendre appui sur quoi que ce soit. Je ne peux rien ajouter sur ce point ». Il affirme avoir en fait tiré au jugé, dans la direction du groupe, « enfin là d'où venaient les bruits, mais sans voir les gamins qui se tenaient en bas », ajoute-t-il aux enquêteurs. Mais dans ce cas, comment a-t-il pu toucher Toufik qui se trouvait pourtant quinze mètres plus bas ? Sur ce point, ses explications restent confuses. Pour sa défense, il affirme que la scène s'est en fait déroulée en tout et pour tout à peine entre 30 et 40 secondes. La scène du tir s'est en effet passée très vite. Son épouse reconnaîtra qu'il s'est bien absenté effectivement durant quelques instants, mais sans en connaître réellement la raison. Elle pensait qu'il était allé dans la chambre pour mettre une chemise avant d'aller promener le chien.

Mais les calculs mathématiques réalisés par l'expertise ne laissent guère de place au doute. Il a même été possible d'établir que la distance de tir étant de 16,60 m et que le degré de tir de ce dernier était de 57 degrés sous l'horizontale, c'est-à-dire « fortement descendante » si l'on s'en tient aux termes utilisés par l'expert. L'une des photos prises de la fenêtre d'où est parti le tir en direction du sol fait ainsi apparaitre l'axe suivi par la carabine.

*

Au terme de la journée du 12 juillet, l'enquête de la police est donc bouclée. Le chef de la brigade criminelle, Jacques Genthial, en informe aussitôt le procureur de la République. La procédure, qui comporte 87 feuillets et 13 scellés, est transmise au tribunal de grande instance de Bobigny tandis que René Aigueperse y est déféré.

Sa version selon laquelle il n'a pas visé le groupe d'enfants n'a pas été retenue par le procureur de la République. Le même jour, suite au réquisitoire de ce dernier, René Aigueperse est inculpé d'homicide volontaire. Charge aux enquêteurs de police de poursuivre leurs investigations, de procéder aux auditions et aux confrontations nécessaires, ainsi qu'aux perquisitions qui s'avéreront utiles à l'enquête.

Libre de pouvoir s'exprimer sur la notification qui vient de lui être communiquée, René Aigueperse fait cette déclaration qui est aussitôt consignée au procès-verbal de première comparution :

> « Je prends acte de l'inculpation que vous me notifiez et désire m'en expliquer immédiatement hors la présence d'un conseil. Il s'agit d'un abominable accident, je n'avais aucune intention meurtrière. Depuis bientôt un mois, il y a toutes les nuits un bruit infernal dans la cité. Cela faisait une semaine que je me levais à 4 h pour prendre mon travail. Toute la nuit, jusqu'à deux ou trois heures du matin, c'était des explosions et des bruits de départ de fusées. Impossible de dormir depuis une semaine. J'ai tiré un coup de carabine pour les effrayer, les intimider. Je les avais auparavant interpellés pour faire cesser leur vacarme mais en pure perte. Je ne pensais pas qu'avec une carabine à air comprimé je pouvais provoquer un tel accident, au surplus je pensais tirer au-dessus d'eux. J'ai fait un début d'infarctus le 11 avril dernier, depuis je suis sous surveillance médicale ou traitement médicamenteux ».

René Aigueperse ne variera plus de ligne de défense jusqu'à son procès. En attendant celui-ci, il est désormais sous le coup d'un mandat de dépôt et le jour même, ce 12 juillet 1983, il est incarcéré à la prison de Fleury-Mérogis. Dès le mois d'août, une demande de remise en liberté est déposée par son avocat, Me Ravaz, dont le principal argument consiste à montrer que les premiers éléments de l'enquête avaient permis d'établir que le prévenu n'avait eu aucune intention homicide et que, par conséquent, en l'état, la mort de l'enfant de La Courneuve était « le résultat d'un épouvantable concours de circonstances au regard duquel il convient de ramener à sa juste mesure la responsabilité de M. Aigueperse et la nature de cette affaire indiscutablement exagérée par la publicité qui a entouré cette affaire ». Il n'y a donc pas lieu selon lui de le maintenir en prison, d'autant que sa personnalité, ajoute-t-il, plaide en sa faveur. Il n'y a pas de risque en effet qu'il veuille se soustraire à la justice. Enfin, avec un dernier élément argumentatif, il revient sur les manifestations qui ont eu lieu après le meurtre. De son point de vue,

> « Les incidents inadmissibles qui ont suivi à La Courneuve les faits du 9 juillet sont davantage le résultat d'une déformation des circonstances de cette affaire et de l'exploitation de celle-ci que le

fait même de la mort accidentelle du jeune Toufik par le tir d'une carabine à air comprimé ».

Cette plaidoirie n'a toutefois pas convaincu le procureur de la République. En date du 25 août, il motive son refus par le fait que la détention de René Aigueperse reste nécessaire à la manifestation de la vérité. De même, il rappelle le contexte spécifique de l'affaire qui a suscité une grande émotion :

> « Ce drame a particulièrement sensibilisé l'opinion publique et plus particulièrement les habitants de la Cité des 4 000 logements qui "exigeaient" que la police leur livre le tueur. Indépendamment de la nécessaire protection de la personne de l'inculpé qu'il y a lieu de préserver de toute action vengeresse, les nécessités elles-mêmes de l'instruction exigent qu'il ne puisse apporter une quelconque modification des lieux avant le transport que le magistrat se propose d'organiser prochainement ou ne cherche à influencer les témoignages qui pourraient être recueillis dans cette affaire ».

Les risques liés au maintien en détention de René Aigueperse paraissent pourtant avérés, puisque la notice individuelle du prévenu adressée par le tribunal de grande instance de Bobigny au directeur de la maison d'arrêt de Fleury-Mérogis comporte cette note manuscrite qui figure parmi les pièces de l'instruction : « De nationalité française. Attention ! Le détenu risque de faire l'objet de représailles de la part de codétenus nord-africains (Affaire du meurtre d'un enfant de 10 ans à La Courneuve) ». La notice mentionne également que René Aigueperse a été victime d'un infarctus en avril de la même année et qu'il est donc sous surveillance médicale.

Dans les semaines qui suivent, Me Ravaz informe la cour d'appel de Paris que son client se désiste de son appel. René Aigueperse reste donc en prison jusqu'à nouvel ordre.

6.
Un Lotois à Paris

Contrairement à Toufik Ouannès, on dispose au sujet de René Aigueperse de beaucoup plus d'informations. Les pièces relatives à la procédure judiciaire permettent de reconstituer de manière précise son itinéraire du Lot jusqu'à La Courneuve. La gendarmerie d'Assier, dans le département du Lot, a été mobilisée afin de recueillir le témoignage des proches de René Aigueperse. Ce qui en ressort, c'est que son parcours de vie se confond avec celui d'un certain nombre d'habitants des grands ensembles : originaire de ce qu'on appelait alors la province, il fait partie de ces gens qui ont choisi de tenter leur chance en région parisienne, espérant ainsi améliorer leur quotidien et celui de leur famille.

Ce changement de mode de vie suppose de disposer d'un logement digne de ce nom, c'est-à-dire non insalubre, et sans la présence de parents sous le même toit. La politique des grands ensembles mise en œuvre à partir du milieu des années 1950 est en capacité de répondre à ces attentes. Si les surfaces ne sont guère extensives, les chambres font environ 8 m^2 selon les normes HLM, les nouveaux appartements offrent des espaces de vie qui répondent aux nouvelles aspirations. Les jeunes couples qui s'y installeront pourront profiter d'une véritable salle de séjour appelée dans les brochures commerciales *living-room*, ainsi que d'une vraie salle de bains et de chambres qui permettront aux parents d'envisager sereinement l'élargissement de la famille dans les années à venir. L'ascenseur et le vide-ordures ne sont plus réservés au confort bourgeois, ce que le monde rural semble bien incapable de proposer aux jeunes couples. « La complainte du progrès », gentiment moqué par Boris Vian, devient pourtant une véritable quête sociale pour les baby-boomers, et surtout pour leurs aînés qui étaient adolescents durant la Seconde Guerre mondiale.

C'est dans ce bouillonnement des Trente Glorieuses, très largement documenté et analysé, notamment par Edgar Morin, que l'on peut envisager de retracer l'itinéraire de René Aigueperse du début des années 1960 à son arrivée à La Courneuve vingt ans plus tard.

La lecture du dossier d'instruction permet en effet de mieux cerner le parcours du meurtrier et de son environnement familial. Un portrait social qui s'inscrit bien dans celui de la France des Trente Glorieuses.

René Aigueperse est né le 12 octobre 1934 à Assier, village situé dans le département du Lot à une quinzaine de kilomètres de Figeac. La commune appartient au causse de Gramat, « le plus vaste et le plus sauvage des quatre causses du Quercy », selon Wikipédia. Composé de 661 habitants en 2020, le village en comptait 906 lors du recensement de 1936. Entre ces deux dates, la population locale baisse régulièrement. Essentiellement rurale, la commune ne dispose pas d'un gisement d'emplois susceptible de retenir sur place les plus jeunes.

René Aigueperse n'a pas connu son père, décédé accidentellement alors que lui avait dix-huit mois. Des trois enfants du couple, il est le seul vivant, les deux aînés étant décédés de maladie. Sa mère et son nouveau mari décident de déménager en 1936 pour Alvignac, en bordure de Gramat. Ils y resteront jusqu'en 1943 et y exploiteront une petite ferme. Ils partent ensuite pour Vayrac, un village toujours dans le Lot, mais cette fois en bordure de la Corrèze. Le village n'est guère plus important puisqu'il compte 1 059 habitants en 1954 et ne parviendra pas à franchir la barre des 1 200 habitants durant les années 1960.

Jusqu'à son départ en Île-de-France, René Aigueperse n'aura donc vécu que dans le Lot, dans un rayon d'une trentaine de kilomètres. Il poursuit ses études en fonction du lieu de résidence parental. À Gramat d'abord, puis Alvignac jusqu'à 14 ans, date à laquelle il obtient son certificat d'études primaires. Avant de passer son Brevet d'études du premier cycle (BEPC) créé en 1947, il met fin à sa scolarité afin de s'orienter vers la mécanique auto. Selon sa demi-sœur, il avait pris cette décision contre l'avis de ses parents qui auraient souhaité qu'il poursuive ses études. À l'époque, après le remariage de sa mère, il vit avec sa mère et son beau-père ainsi qu'avec les deux filles de ce dernier, et un fils né de cette union, et que René Aigueperse considère comme son frère.

En 1949, âgé de 15 ans, il entre comme apprenti mécanicien au garage Barrot situé à Vayrac, sur la place de l'Église. Il y restera jusqu'en 1961, date de son mariage et de son départ pour la région parisienne. Durant douze années d'exercice professionnel, entrecoupées par le service militaire, et d'après les témoins requis dans le cadre de l'enquête de la gendarmerie, il n'a laissé que des bons souvenirs. Selon le témoignage de l'un de ses copains de jeunesse, il était sans histoire, entretenant de bonnes relations avec son entourage. Possédant une voiture, il n'hésitait pas à emmener ses copains aux fêtes locales. Il semble d'ailleurs connu pour cela. Tous le décrivent comme timide et réservé tant sur le plan personnel que professionnel. L'un d'entre eux précise qu'il était « honnête et travailleur », pas du tout « bagarreur et violent ». Les témoins interrogés par la brigade de gendarmerie de Gramat prendront soin de souligner qu'ils ont d'abord été incrédules lorsqu'ils ont appris par la presse ce qui s'était passé à La Courneuve. Sa sœur affirme même devant les gendarmes que le connaissant bien, elle est sûre de son innocence, car il est incapable de faire du mal à quiconque. Elle espère que l'instruction permettra d'ailleurs de prouver son innocence.

Les témoins entendus dans le cadre de leurs relations avec René Aigueperse lorsqu'il résidait à Paris puis en banlieue décriront eux aussi, de manière unanime, un homme gentil, serviable, jouissant d'une très bonne réputation. Tous jugent sa conduite irréprochable. Aucun penchant pour la boisson ne lui était non plus connu. La veuve du garagiste chez qui René Aigueperse a travaillé durant douze ans dresse elle aussi un portrait très positif de ce dernier :

> « Durant tout le temps où René est resté chez nous, nous n'avons eu qu'à nous louer de ses services. C'était en effet un charmant garçon à tous points de vue, très consciencieux dans son travail, honnête et vaillant. Jeune, il était plutôt timide, réservé et n'était pas du genre tête en l'air [...]

> Nous avions entière confiance en lui et, lorsque mon mari s'absentait, il vendait carburant et accessoires, et tenait la caisse. Je ne crois pas qu'un client ait eu à se plaindre de lui, en tant qu'ouvrier ou homme. »

Le cheminement professionnel de René Aigueperse semble donc tout tracé : il sera mécanicien auto. À l'époque, la voiture s'impose comme le produit de consommation de masse et le nombre de ventes explose. La 4 CV, conçue et produite par les usines Renault, devient en quelque sorte, pour les classes moyennes, le symbole de la France de la IVe République qui donne enfin accès à la modernité. Présentée au salon de 1946, ce modèle iconique prend réellement son envol au début des années 1950. De 20 000 exemplaires vendus en 1948, on passe à 500 000 en 1954. La petite voiture dépasse le million d'exemplaires vendus en 1961. Un record alors pour une automobile française. Posséder un garage apparaît dès lors, pour bon nombre de garçons, comme un signe d'ascension sociale[17].

En 1955, René Aigueperse effectue son service militaire en Algérie dans les parachutistes du Groupe

17. C'est d'ailleurs ce que raconte en filigrane le film de Jacques Demy *Les parapluies de Cherbourg* qui reçoit la Palme d'or à Cannes en 1964. Guy, le fiancé de Catherine Deneuve, rêve d'ouvrir son propre garage alors qu'il est mécanicien et qu'il est très bien perçu par son patron. Son service militaire en Algérie modifiera toutefois son destin.

Hélico 2 basé à Ain-Arnat, près de Sétif. Il prendra soin de préciser dans sa déposition qu'il n'a jamais été au feu, ayant été affecté au service technique dans la section auto. Cela peut avoir son importance, étant donné les pathologies que certains anciens appelés du contingent impliqués dans les combats ont pu développer par la suite. Dans le rapport d'expertise psychiatrique réalisée à la demande du juge d'instruction, ses auteurs notent que René Aigueperse n'a en effet jamais participé à des actions armées durant son service militaire : « lui-même, soulignent les auteurs, n'a jamais été confronté à des situations à haut potentiel de risque et qu'en tout cas, il n'a jamais ramené de son service en Algérie aucune animosité à l'égard des populations maghrébines ».

Démobilisé en octobre 1957, échappant donc de très peu à l'envoi de plus en plus important de jeunes conscrits décidé par le gouvernement de Guy Mollet, il reprend son activité au garage Barrot jusqu'à son départ pour Paris en 1961.

C'est durant cette période qu'il rencontre sa future épouse, née quant à elle en 1942, et également originaire du Lot. L'enquête de gendarmerie indique qu'en 1961, des pourparlers étaient engagés entre René Aigueperse et le patron du garage afin qu'il prenne sa succession. Il s'était inscrit à la Chambre des métiers à cet effet. « Mais un désaccord sur les conditions, à la dernière minute, selon l'enquête, a interrompu le projet ». De l'aveu même de René Aigueperse, il décide « sur un coup de tête » de quitter la région avec son épouse et de venir s'installer en région parisienne. C'est ce qu'ils font en septembre 1961. C'est le beau-frère de René Aigueperse, lui-même machiniste à la RATP, qui lui a suggéré de postuler un emploi dans la célèbre Régie autonome des transports parisiens. C'est ainsi qu'il est, dès son arrivée, embauché comme receveur. Quelques mois plus tard, il passe l'examen de machiniste-conducteur. Poste qu'il occupera jusqu'en avril 1982. En juin 1979, il est décoré de la médaille d'honneur des transports, tient-il à préciser aux enquêteurs.

La famille partage alors le sort de milliers de provinciaux « montés » à Paris pour trouver une meilleure situation. Le manque de qualification initiale pour occuper un poste dans le secteur tertiaire alors en pleine expansion l'oblige toutefois à chercher dans un domaine qui ne requiert pas de spécialité. La croissance économique permet à l'époque de trouver assez vite un emploi. Dans un premier temps, il devient, avec sa femme, gardien d'immeuble dans une copropriété du 19e arrondissement de Paris, tout en gardant son emploi à la RATP. Deux ans plus tard, ils trouvent un appartement deux-pièces à Pantin. « Sans confort », précisera-t-il. À cette époque, sa femme travaille dans cette ville comme emballeuse à l'usine des parfums Bourgeois. C'est durant cette période, en 1969, que naîtra leur fils unique.

En 1975, René Aigueperse obtient de la RATP un logement de fonction à La Courneuve – appartement qu'ils occupent au moment du drame. Le choix du site est dû au fait que la Cité des 4 000 est gérée par l'office HLM de la ville de Paris, ce qui permet à la RATP d'y disposer d'un certain nombre de logements pour ses employés.

Pendant douze ans, il sera particulièrement affecté à la ligne de Petite ceinture qui dessert les boulevards des Maréchaux. Il gravira les différents échelons de son emploi jusqu'à son infarctus en 1983, qui le voit privé de son permis de conduire par la RATP. Il ne lui restait plus alors que trois années avant sa retraite, qu'il aurait sans doute accomplies dans le dépôt dont il dépendait, avenue Jean-Jaurès dans le 19e arrondissement.

Ses états de service sont en effet très bons et, comme au temps du garage de Vayrac, ses collègues de travail ne sont pas avares de compliments. Selon son ancien chef de dépôt, c'était un excellent agent avec l'esprit d'équipe et très bien noté, ce qui explique l'obtention du grade d'agent de maîtrise en fin de carrière. Quant à son épouse, après plusieurs emplois, elle était entrée comme employée administrative au siège de la société de transport Brinks, à Paris.

Un exemple type de l'intégration de la petite classe moyenne dans la France des années 1970 et 1980. Il reste toutefois une question à laquelle ne répond pas l'enquête de la gendarmerie. Pourquoi, contrairement à beaucoup d'autres foyers du même type, la famille Aigueperse n'a-t-elle pas songé à devenir propriétaire après plus de vingt années passées en région parisienne, dont huit à La Courneuve ? L'hypothèse la plus plausible est que le projet de retraite du couple n'était pas de rester en Île-de-France, mais bien de retourner au pays. La meilleure preuve de ce désir est qu'ils avaient acheté en 1980 un terrain à Varagne, un hameau de Rocamadour qui se trouve à sept kilomètres d'Alvignac où le couple s'était rencontré à la fin des années 1950. Ici également, leur itinéraire ne déroge pas de celui des centaines de milliers de Français qui, au cours des années 1970 et 1980, envisageaient un retour au pays après avoir travaillé en région parisienne. Depuis juin 1982, le couple versait 3 000 francs par mois (l'équivalent de 500 €) pour rembourser les échéances du prêt consacré à la construction de leur maison. Avec certes un peu de retard, le couple Aigueperse se conformait à l'utopie individualiste d'une majorité de Français et qui allait à rebours de l'empreinte collective des grands ensembles.

À chacune des vacances, René Aigueperse retournait dans le Lot afin de procéder aux finitions. C'est dans les dépendances de la maison qu'il s'entrainait au tir à la carabine en compagnie de son fils. D'après un témoin local, René Aigueperse n'était pas chasseur ; il n'avait pas un goût particulier pour les armes. Selon son épouse, il n'était pas réellement un amateur d'armes. « C'était pour faire comme tout le monde », précisera-t-elle, ajoutant même qu'il en avait même un peu peur.

René Aigueperse, tout comme son épouse, est donc un authentique provincial monté à Paris mais qui, comme beaucoup de ses compatriotes, n'a jamais réellement coupé avec les lieux qui l'ont vu naître et grandir.

Pourtant, aux origines des grands ensembles, les pouvoirs publics avaient soutenu l'installation de nombreuses associations afin de promouvoir la vie sociale dans les cités. Mais au fil du temps, les militants associatifs se feront de plus en plus rares, soit parce qu'ils ont déménagé notamment dans le pavillonnaire périurbain, soit parce qu'ils sont passés à d'autres activités, notamment en raison d'un certain découragement à voir les choses évoluer dans le mauvais sens. L'esprit « pionnier » des premiers habitants, venus pour certains avec leurs utopies, semble déjà loin, pour ne pas dire révolu. Le temps du confort individuel et de l'accession aux biens de consommation a également fait son œuvre, tout comme l'avancement en âge des premiers habitants restés dans les grands ensembles. Enfin, l'arrivée d'un nouveau type de populations dans les années 1970 n'a pas forcément joué en faveur d'un mélange des populations locales, anciennement implantées et celles en cours d'installation. De ce point de vue, on peut s'interroger sur la manière dont René Aigueperse s'est lui-même « enraciné » ou pas au sein de la Cité des 4 000.

On ne lui connaît guère d'engagement au sein de la cité et tout le monde se plaît à dire que personne ne le connaissait vraiment. En dehors de son caractère singulier, on peut également penser que ses horaires de travail ne l'incitaient pas à s'impliquer dans la vie associative. Levé très tôt, couché très tôt, il est en décalage avec le rythme de la plupart de ses voisins. Ce qui ne signifie pas que la plupart de ces derniers ont eux aussi choisi la voie de l'engagement. En réalité, l'essentiel des familles qui vivent dans ce type de cité, en particulier les plus modestes, subit surtout un mode de vie très contraint en termes de conditions de travail et de transport dans l'énorme agglomération parisienne.

On ne connaît donc pas d'engagement associatif de René Aigueperse au sein de la cité, ni à l'extérieur. L'enquête a révélé que de son propre aveu, l'intéressé avait appartenu un moment à l'Amicale des enfants de Figeac, mais qu'il s'en était retiré, estimant que les coûts de l'adhésion ainsi que des frais annexes étaient trop élevés. De même, il a été membre à l'Association des anciens d'Algérie de la RATP, mais il s'en est retiré car il jugeait cette fois la Fédération trop orientée politiquement. À l'intérieur de la Cité des 4 000, on ne lui connaît pas non plus d'appartenance aux réseaux de sociabilité classiques comme les associations sportives ou culturelles. La seule participation de René Aigueperse à la vie sociale locale réside, semble-t-il, dans la détention de la parcelle de jardin partagé qu'il cultive à côté de chez lui, à Saint-Denis. Rares semblent les occasions qui lui auraient été données de communiquer avec ses voisins. Tout au plus, mentionne-t-il lors d'un interrogatoire, le fait qu'un jour, il a échangé avec le voisin du 9e étage qui lui avait demandé de l'aide pour amener sur site une remorque.

Cela fait-il pour autant de lui un homme vivant en marge de son environnement urbain, ayant accumulé un tel ressentiment que cela a pu le conduire à un acte définitif ? Ce profil semble plutôt en décalage avec le portrait que certains résidents qui l'ont parfois côtoyé, ne serait-ce que de brefs instants, dressent de lui. Un ancien gardien d'immeuble décrit un homme poli, réservé, n'hésitant pas à donner un coup de main, surtout quand il s'agissait d'un problème mécanique. Un voisin de palier souligne qu'il lui proposait de venir parfois chez lui afin de passer des appels téléphoniques. Lorsque ce dernier retournait en Algérie durant l'été, il lui ramenait d'ailleurs souvent un petit souvenir, ce qui, au passage, incline à rejeter la suspicion de racisme qui a pesé, un moment, sur René Aigueperse. Certes, ce sont dans l'ensemble des formes minimales de sociabilité, mais qui permettent néanmoins de garder un minimum de liens avec le proche voisinage. La presse n'en fera pas un article, préférant mettre en avant les dysfonctionnements de la cité, mais il s'agit pourtant également d'une composante de la vie sociale dans les grands ensembles de la fin des années 1970 et du début des années 1980 : l'entraide entre voisins malgré un déficit d'animation sociale collective.

Un autre témoin, ancien boucher au chômage au moment des faits, qui réside au 2, rue Renoir, a lui aussi tenu à apporter son témoignage. Présent dans la cité depuis 1963, il a bien connu René Aigueperse depuis son arrivée en 1975. À ce propos, il affirme que ce dernier a toujours eu une conduite sans reproche. Il prendra soin de préciser dans sa déposition que, malgré l'acte commis, il garde toute son estime pour le prévenu, ajoutant que « les conditions de vie et de repos dans la Cité des 4 000 logements sont réellement exaspérantes ».

Après les faits, *Le Parisien* tendra son micro à celles et ceux qui, dans le voisinage, ont connu la victime et son meurtrier. Concernant ce dernier, une voisine le décrit comme un homme gentil qui promenait chaque soir son chien de chasse noir et blanc en compagnie de sa femme. Elle le décrit aussi comme un homme discret, toujours bien habillé et affable. Toujours selon elle, dès qu'il pouvait, « il aidait les jeunes à faire de la mécanique. Il aimait ça et il était compétent »[18]. Ce rapport d'empathie avec les plus jeunes, dont il n'existe nulle trace dans les interrogatoires de la police, est confirmé par une autre voisine. Selon elle, il adorait les enfants et surtout le sien.

Le témoignage de René Aigueperse durant sa garde à vue ne fournit pourtant pas vraiment d'informations concernant ses relations avec le voisinage et d'éventuels conflits avec celui-ci. Tout au plus, reconnaitra-t-il une remarque faite l'année précédente à un gamin du quartier qui était en train d'arracher un sigle Citroën sur une voiture. L'affaire en était restée là selon lui, car il ne souhaitait pas se mêler des affaires des autres, et, son voisin de palier l'avait également mis en garde contre d'éventuelles représailles de la part des contrevenants. On peut également penser que ce type d'intervention, très rare le concernant, avait été motivé par le fait qu'il s'agissait d'un acte lié à une automobile qui le sensibilisait donc au premier chef.

18. *Le Parisien*, 13 juillet 1983.

C'est vers la dégradation de sa santé qu'il faut se tourner en réalité pour tenter de mieux saisir les circonstances de son geste. En vertu de la convention collective de la RATP, René Aigueperse devait prendre sa retraite de chauffeur en 1986. Une fois celle-ci obtenue, le projet était sans doute de retourner dans le Lot, où il avait fait l'acquisition d'un terrain pour y faire bâtir leur maison afin d'y passer le reste de leur vie. Un projet semblable à celui de beaucoup de familles françaises qui, elles aussi, avaient fait le choix de venir s'installer en région parisienne à des fins professionnelles, mais n'entendaient pas y rester une fois la séquence salariale achevée.

Un accident de santé est cependant venu contrarier ce projet. Le 11 avril 1983, il fait un début d'infarctus. On lui diagnostique une insuffisance coronarienne pour laquelle il va devoir être hospitalisé durant près d'un mois à l'hôpital Bichat. Ce n'est que mi-juin qu'il peut reprendre le travail. Ayant été jugé par la commission médicale inapte à reconduire, il est affecté dans le service de la brigade de surveillance comme agent de remplacement contrôleur. Plusieurs dépositions, dont celle du principal intéressé, mettront l'accent sur l'impact que cette décision a eu sur son moral. Est-il trop fort de parler ici de sentiment de déclassement ? Il n'en reste pas moins que René Aigueperse a subi cette décision, peut-être même l'a-t-il prise comme une sanction à son encontre. On peut y ajouter une fatigue morale due aux effets psychiques de sa maladie puis de son traitement. À plusieurs reprises, il fera en effet état auprès des enquêteurs des médicaments qu'il prenait pour dormir. Ce qui fut d'ailleurs le cas le soir du drame. Fatigue psychique et sentiment de relatif déclassement social pourraient en partie expliquer le geste de René Aigueperse le soir du 9 juillet.

C'est pourtant une autre version qui va circuler dans la cité dès l'annonce du drame.

7.
Un crime raciste ?

Avant une arrivée prévue à Paris le samedi 3 décembre 1983, la Marche pour l'égalité et contre le racisme, partie de Marseille le 15 octobre, fait une halte à La Courneuve. Pour les marcheurs, il s'agit de rendre hommage au jeune Toufik Ouannès tué cinq mois plus tôt à cet endroit.

Ils sont accueillis par le maire de La Courneuve et ses adjoints au centre culturel, non loin de l'endroit où l'enfant est tombé. La députée communiste Muguette Jacquain est également présente. Quant à la mère de Toufik, elle n'est pas là, car elle ne souhaite pas revenir dans la cité. En revanche, elle sera présente le lendemain dans le cortège parisien.

L'objectif de ce passage par La Courneuve est, selon un marcheur sur place, de « dénoncer tous les crimes et agressions racistes, toutes les discriminations sociales car la France est en danger de racisme ». « Si la marche est finie, la lutte, elle, commence », conclut-il[19]. Dès lors, la mort de Toufik Ouannès est placée sous le signe du racisme qui s'exerce en France à l'égard des jeunes Maghrébins, et qui est d'ailleurs le but principal retenu par les organisateurs de cette marche inspirée du Mouvement civique des droits aux États-Unis, ainsi que du mouvement non violent initié par Gandhi en Inde.

L'hommage qui lui est rendu le situe en effet dans la déjà longue liste des victimes du racisme de cette année 1983. Il faut en particulier mentionner le crime barbare perpétré dans la nuit du 14 au 15 novembre 1983 par trois candidats à la Légion étrangère dans le train Bordeaux-Vintimille sur la personne d'Habib Grimzi, 26 ans, de nationalité algérienne. Il faut également mentionner le contexte politique particulier de 1983. Lors des élections municipales du mois de mars, plusieurs listes n'ont pas fait mystère de leurs revendications sécuritaires et, pour certaines d'entre elles, de leurs convictions anti-immigrés. C'est lors de l'élection municipale partielle de Dreux, en septembre 1983, que, pour la première fois, se noue une alliance

19. Pour les liens que la Cité des 4000 entretient avec les mobilisations sociales, on se reportera au travail extrêmement complet de Morgane Sorel, *Histoire sociale des mobilisations habitantes aux 4000 logements. 1962-1986*, mémoire de master 2, sous la direction d'Emmanuel Bellanger, Paris I, Panthéon-Sorbonne, 2023, 233 p.

entre la droite républicaine et le Front national représenté par Jean-Pierre Stirbois, un proche de Jean-Marie Le Pen.

Peut-on qualifier l'homicide perpétré à l'égard de Toufik Ouannès de crime raciste ? C'est ce qu'un certain nombre de personnes, mobilisées par l'affaire, ont bien tenté de démontrer. Dès le lendemain du meurtre, la suspicion de crime raciste a circulé dans la cité. L'émotion légitime qui s'est alors emparée de nombreux habitants a relayé la rumeur. Certaines associations ont très vite repris cette affirmation. C'est le cas en particulier de l'Amicale des Algériens en Europe. Dans une déclaration dont la copie est consultable aux archives départementales de Seine-Saint-Denis, le bureau exécutif de l'Amicale n'hésite pas pour la circonstance à faire de Toufik Ouannès un Algérien à part entière :

> « Toufik Ouannès, jeune Algérien âgé de dix ans, vient d'être assassiné par la balle d'un tueur raciste, devant son domicile, à La Courneuve. Ce crime odieux est un maillon de plus à la longue chaîne d'assassinat et de meurtres de jeunes Maghrébins, restés malheureusement pour la plupart impunis. Ceci, qui en doute encore, est la conséquence des campagnes racistes menées périodiquement pour des raisons bassement politiciennes. On l'a vu encore récemment lors des élections municipales,

> où des politiciens n'ont pas hésité à utiliser l'arme odieuse du racisme contre les travailleurs émigrés ».

Sans doute est-ce d'ailleurs la raison pour laquelle la mairie de La Courneuve a voulu, le plus tôt possible, couper court à cette rumeur. Le premier communiqué publié par le maire dément précisément le caractère supposément raciste du meurtre qui vient d'avoir lieu. De son point de vue, « rien ne permet, comme l'affirment certains, de dire qu'il s'agit d'un acte raciste. Il est malheureusement lié à l'existence du mal-vivre, des difficultés des familles et des jeunes en particulier, celles de trouver un emploi, des atteintes aux libertés ». C'est en revanche l'occasion de dénoncer « la politique raciste développée par les hommes de droite ». Celle de la ville de Paris en particulier, « qui refuse le droit de cité aux travailleurs étrangers, rassemble des cultures différentes dans ses cités HLM situées dans des villes de banlieue de gauche afin d'éviter qu'une solidarité se tisse entre elles et les travailleurs français ». S'ensuit alors un long plaidoyer *pro domo* en faveur de l'action de la municipalité qui a su faire échec à cette manœuvre. Il s'agit dès lors de faire appel aux jeunes, aux responsables des différentes communautés afin qu'ils « gardent leur sang-froid et dans la dignité et le calme ». Un appel en forme d'apaisement, mais qui ne sera que partiellement entendu.

Plusieurs associations vont, quant à elles, servir de relais à la suspicion du crime raciste. C'est le cas, selon la police, des membres de la permanence locale du comité « anti-expulsions », qui ont distribué un tract intitulé « Justice pour les parents du petit Toufik » et qui regroupent des squatters, des militants d'extrême gauche et d'organisations de travailleurs immigrés. Relayés par Radio Beur et Radio Voka de l'association Fraternité-Caraïbes, ils appellent à un rassemblement devant la mairie le 13 juillet. Dans leur tract, on peut lire notamment : « Que le criminel soit raciste ou non, ce meurtre n'est pas isolé, il ne tombe pas du ciel ». Le tract met également en cause la police de manière directe, l'accusant non seulement de ne pas avoir fait son travail mais aussi de porter des accusations racistes :

> « Le soir du crime, la police a laissé le petit par terre, un policier s'est même permis de dire "Un arabe de moins". Arrivés 20 minutes après le coup de feu, les policiers n'ont pas jugé bon de rechercher immédiatement le criminel. Aujourd'hui, ils racontent même que les gens ne les laissent pas le chercher, pour se couvrir de n'avoir pas fait leur travail ».

Ce jour-là, 300 personnes répondront à leur appel. Parmi les slogans rapportés par des journalistes présents sur place, il y a notamment « Gouvernement, racistes, complices, même combat ! », « Français, immigrés, solidarité ! ». Des cris hostiles au maire de La Courneuve sont également entendus, ainsi qu'en direction de la police. La tension est palpable autour de la mairie, protégée par un cordon de CRS, comme en témoigne cette menace proférée par un habitant et reprise par la presse :

> « Personne ne veut nous recevoir, le maire n'en a rien à foutre, on porte des fleurs, ils portent des flingues. Ce qu'ils veulent, c'est Harlem. Ils l'auront. Il n'y aura plus jamais un flic aux 4 000. On s'enfermera jusqu'à ce qu'on en crève ».

Finalement, une délégation sera reçue par le maire. L'accusation de racisme flotte dans l'air alors que René Aigueperse dort désormais en prison.

Pour sa part, l'Amicale des Algériens de Seine-Saint-Denis se montre plus partagée sur le sujet. Selon elle, rien ne permet de dire qu'il s'agit d'un crime raciste, mais rien ne permet non plus d'affirmer le contraire. Certes, n'importe quel enfant aurait pu être tué, affirme-t-elle, mais le constat est que ce sont souvent des Maghrébins. « Nous respectons les lois de notre pays d'accueil, ce que nous demandons, c'est que la police fasse son travail, trouve l'assassin et le punisse », déclare l'un des membres de cette association lors d'une conférence de presse.

Lorsque je me suis rendu dans la cité pour retrouver des habitants qui avaient vécu cet évènement, j'ai été surpris que deux d'entre eux aient spontanément qualifié René Aigueperse de raciste. Me Ravaz, son avocat, me confiera que l'une de ses premières difficultés a précisément été cette suspicion qui collait à son client, d'autant qu'au début de la procédure, certains magistrats inclinaient vers cette thèse. René Aigueperse craignait lui-même d'être accusé d'avoir commis un meurtre à caractère raciste.

Pouvait-on cependant sur le moment assimiler son geste à un acte délibéré qui visait avant tout Toufik Ouannès en raison de son origine ethnique ? Rien n'est moins sûr, mais il convient toutefois de le démontrer.

La question migratoire est devenue centrale dans les politiques de peuplement des cités HLM au cours des années 1970. Cela tient essentiellement au fait qu'à la fin de la décennie précédente, les pouvoirs publics ont très fortement encouragé les classes moyennes qui vivaient dans les logements HLM à les quitter et à s'installer dans des zones pavillonnaires grâce à une politique incitative d'accession sociale à la propriété. Il en a résulté des taux de vacances importants dans certains ensembles HLM, fort logiquement dans les moins prisés. Dès lors, malgré les avertissements basés sur l'idée qu'il ne fallait pas dépasser un seuil de 20 % d'immigrés dans les quartiers d'habitat social, certaines d'entre elles accueilleront jusqu'à 40 % de population étrangère ou d'origine étrangère. La raison en est simple : les pouvoirs publics ont installé, dans les cités délaissées par les classes moyennes, les familles les plus défavorisées, celles qui sortaient des bidonvilles et de l'habitat insalubre. La Cité des 4 000 constitue un exemple type de ce genre de dérapage que les pouvoirs publics ont ensuite tenté de corriger, avec un succès tout relatif. Aux 4 000, la part des étrangers représente 17 % de la population totale. Un commerçant qui y habite depuis les origines estime que la cité est devenue « la tour de Babel ».

Les années 1970 ont aussi été caractérisées par l'irruption sur la scène médiatique du rapprochement entre délinquance juvénile et origine ethnique des auteurs des faits reprochés, ce qui a contribué à alimenter le racisme en France, en lien avec la mémoire encore brûlante de la guerre d'Algérie. Le gouvernement de gauche, issu de l'élection de mai 1981, a bien conscience de la nécessité de mobiliser les forces nécessaires à l'intégration de ces jeunes qualifiés parfois de la « deuxième génération » et à laquelle Toufik appartient. La Commission nationale pour le développement social des quartiers est particulièrement mobilisée sur la question. Pour son président, Hubert Dubedout, maire de Grenoble, la question est en effet essentielle. Quarante ans plus tard, son analyse reste d'une brûlante actualité selon les termes rapportés par le journaliste du *Monde* Pierre Drouin qui s'intéresse à la question de la possible destruction de certains grands ensembles, du moins les plus obsolètes d'entre eux :

> « Qu'on le veuille ou non, nous sommes rentrés dans une société multiraciale, et avant espérons-le, l'intégration de la troisième génération, cette période intermédiaire sera très difficile. Les réactions de rejet sont très fortes avec en face le contre racisme provocateur [...] Si on ne donne pas à ces jeunes, qu'ils soient d'origine étrangère ou française, des possibilités d'épanouissement, ils proclameront leur identité par l'appartenance à des "bandes" qui auront toujours la tentation de secouer à leur façon les institutions complètement inadaptées à la question »[20].

La Courneuve constitue-t-elle une exception au regard de ces enjeux ? L'un des moteurs du racisme consiste à fantasmer des réalités en les déformant. Si la part des immigrés vivant dans la Cité des 4 000

20. Pierre Drouin, « Raser les grands ensembles » ?, *Le Monde*, 15 juillet 1982.

est certes élevée, elle n'est pas non plus exceptionnelle au regard des moyennes nationales concernant ce type de quartier. Peut-on, dès lors, en déduire que l'on a affaire à une situation similaire aux ghettos nord-américains ? Desmond Avery, qui a vécu à La Courneuve après avoir habité un ghetto noir de Chicago, un village en Inde et un quartier ouvrier en Angleterre avec une forte population pakistanaise, estime que, contrairement à ces cas, il n'a jamais observé une situation semblable de racisme et d'intolérance à La Courneuve[21]. Quelques titres de presse à droite comme *Le Quotidien de Paris* réfutent également la thèse d'un crime raciste : « La victime peut être maghrébine sans que l'assassin soit obligatoirement un Dupont Lajoie d'imbécile devenu criminel », affirme-t-il[22]. Il fournit également des contre-exemples comme près de Blois, un « repris de justice nord-africain qui abat un paisible chauffeur routier parce que celui-ci lui reprochait de klaxonner sans raison ».

Cet article est aussi l'occasion de donner la parole aux habitants à propos du drame qui vient de se produire et d'opérer une réelle « plongée » dans la vie quotidienne de la cité et de relever les tensions qui s'y multiplient au début des années 1980. Sans

---

21. Desmond Avery, *Civilisations de La Courneuve. Images brisées d'une cité*, *op. cit.*, p. 21.
22. « Fantasmes à revendre », *Le Quotidien de Paris*, 14 juillet 1983.

conteste, le meurtre de Toufik Ouannès « dit » également quelque chose de la vie dans les grands ensembles. La preuve, cet échange entre habitants de la cité devant le Viniprix, ce magasin devant lequel Toufik était passé quelques minutes avant de rencontrer son destin. Un des jeunes interrogés déclare :

> « Pour vous, on est des sales bougnoules ! Vous êtes racistes au fond de vous-mêmes, et pourtant, vous êtes complètement ignares. C'est nous, immigrés, qui allons vous apprendre le français. Espèces de tarés ! »

En réponse, une habitante interpelle le jeune en question pour lui répondre :

> « Ce que je vous reproche, c'est de tout casser ! C'est pas d'être arabes ! ».

Réponse de l'un des jeunes :

> « Fous le camp ! On n'a rien cassé du tout ! C'est des types de Chirac qui ont brûlé les voitures pour nous rendre responsables du bazar qui a ici ! »

Réponse de la résidente :

> « Mais Chirac, il y peut rien ! C'est pas lui qui a construit ça. La cité, elle existe depuis plus de vingt ans, il était encore à l'école ».

Pour le journaliste à l'origine de cette retranscription, cela témoigne de la vivacité des débats dans la cité sur le fait s'il s'agit ou non d'un crime raciste. Pour certains, ce n'est peut-être pas le cas car le meurtrier, tirant dans le tas, aurait pu toucher un Blanc comme un Noir. Pour d'autres, l'explication est trop facile : « On descend les Arabes à la carabine et quand on se fait prendre, on dit qu'on est dingue ! L'assassin est un raciste, c'est sûr ! »

En attendant, les actes racistes, en particulier à l'égard des plus jeunes membres de la communauté maghrébine, n'ont cessé de croître tout au long des années 1970. Dès juin 1971, le quotidien algérien *El Moudjahid* alerte sur « l'offensive de haine contre les émigrés algériens en France ». Rien qu'en 1973, une cinquantaine d'Algériens auraient été assassinés, dont au moins 17 dans la région marseillaise. En réaction, le Mouvement des travailleurs arabes lance un appel à la grève générale contre le racisme qui débute à Marseille le 3 septembre 1973 avant de s'étendre à d'autres villes françaises. Il s'agit de replacer ces meurtres dans le contexte de la guerre d'Algérie et de ce que l'on appelait les « ratonnades ». Selon l'historienne Sylvie Thénault, le mot aurait été utilisé pour la première fois pour désigner des violences commises par des Français d'Algérie sur des Algériens lors des obsèques du leader de l'Algérie française Amédée Froger, qui avait été assassiné par des nationalistes algériens en décembre 1956[23].

D'autres crimes racistes seront commis tout au long des années 1970. Et quelques jours seulement avant le drame de La Courneuve, un autre fait divers s'est déroulé non loin de là, à Livry-Gargan, autre ville de Seine-Saint-Denis avec des cités HLM où règne la précarité.

Le 17 juin 1983, Moussa Mezzogh, 19 ans, Français d'origine algérienne habitant à Sevran, est assassiné par un vigile du supermarché Radar. Accompagné d'un ami, Moussa s'était fait repérer car ils étaient soupçonnés d'avoir volé des blousons. C'est au moment où Moussa est arrêté qu'une bagarre éclate et que le vigile lui tire dessus avec un pistolet d'alarme 22 Long Rifle, très probablement modifié, au motif qu'il lui aurait porté des coups. Moussa décédera quelques heures plus tard à l'hôpital de Créteil. Ses parents étant repartis en Algérie, il devait les y rejoindre pour passer l'été, là où il avait passé son enfance et où vivaient toujours ses frères et sœurs. Lui-même venait, deux semaines plus tôt, de trouver un emploi dans une usine de produits chimiques à Sevran.

---

23. Sylvie Thénault, *Les ratonnades d'Alger, 1956 : une histoire de racisme colonial*, Seuil, 2022.

Le 23 juin, une marche silencieuse est organisée par la famille et les amis de la victime à Livry-Gargan. En tête de cortège, une seule banderole : « Il faut que la vérité soit faite ». À cette occasion, le Mouvement contre le racisme et pour l'amitié entre les peuples (MRAP) a appelé « les gens de cœur et de raison, Français et immigrés » à participer à la marche, estimant que cette affaire, comme bien d'autres, « traduit le climat d'hostilité, le rejet et les discriminations dont souffre la nouvelle génération issue de l'immigration ». Le MRAP réclame également la poursuite active de mesures efficaces pour mettre fin à la marginalisation « imposée de longue date aux immigrés et à leurs enfants ». Sur le tract distribué pour la circonstance, les auteurs en appellent « aux hommes chargés de la justice en qui nous avons confiance ».

En marge de la manifestation, un magasin de la marque Radar sera toutefois incendié. Le même jour, à Paris, dans le 18e arrondissement, de nombreux commerçants défilent pour dénoncer un climat d'insécurité de plus en plus soutenu. Quelques semaines plus tard, le vigile du Radar sera inculpé d'homicide volontaire. Tout comme René Aiguperse. Lors de son procès, il sera défendu par Henri-René Garaud, qui a cofondé en 1978 l'association Légitime défense pour promouvoir l'idée d'un droit élargi à celle-ci. Pour sa part, Gilles Smadja, éditorialiste au *Journal d'Aubervilliers*, écrit à propos du meurtre de Livry-Gargan :

> « Finalement, Moussa n'est pas mort seulement de la balle qui lui a traversé la tête. Une longue trainée de poudre faite de campagne électorale malsaine, d'entretien d'un climat d'intolérance, de volonté d'en finir avec ce que notre pays a de plus noble et de plus fraternel, tout cela a préparé le crime d'un jeune de 19 ans »[24].

Le Parti socialiste, par la voix de son hebdomadaire, *L'Unité*, tentera lui aussi de politiser les crimes qui viennent de se produire. Selon ce dernier, même si le racisme ne constitue guère le mobile premier du meurtre de Toufik, il affirme que « la campagne haineuse de la droite (qui) désigne à la vindicte des esprits faibles les immigrés » a joué un rôle[25]. Le communiqué du bureau du Conseil général de Seine-Saint-Denis est sur la même tonalité. Pour lui, ce meurtre « est le fruit de l'atmosphère de méfiance et de haine soigneusement mise en place et attisée depuis plusieurs mois ».

De fait, si la thèse du crime raciste ne peut pas être validée, il n'en reste pas moins que l'atmosphère est

24. « Qui a tiré ? », *Journal d'Aubervilliers*, 1er juillet 1983.
25. « L'enfer commence-t-il à La Courneuve ? », *L'Unité*, 15 juillet 1983.

bien celle d'un racisme latent et d'une intolérance de moins en moins cachée à l'égard des ressortissants maghrébins. Pour le Parti socialiste, on en viendrait même, à droite, à banaliser ce racisme ambiant. Pour étayer sa thèse, son organe de presse cite un article du *Figaro* à propos d'un cimetière français qui aurait été profané en Algérie par des loubards et des intégristes et qui était en volume plus long que celui consacré au meurtre de l'enfant de La Courneuve : « Mais qu'est-ce qui est pire : abattre un petit Algérien de 9 ans qui a tort de jouer avec des pétards dans un clapier à immigrés de banlieue ou la visite de caveaux à l'abandon depuis vingt ans ? », s'interroge *L'Unité.*

Une autre affaire criminelle, cette fois sans mort d'homme, a également défrayé la chronique en ce début de l'été 1983. Dans la nuit du 19 au 20 juin, un habitant de la Cité des Minguettes à Vénissieux, Toumi Djaidja, président de l'association SOS Minguettes, par ailleurs inculpé pour un braquage qu'il nie avoir commis, est gravement blessé lors des affrontements qui ont lieu entre des jeunes de la cité et les policiers. Ce nouveau fait divers sera à l'origine de la Marche pour l'égalité et contre le racisme, dite « Marche des beurs ».

L'année 1983 apparait donc marquée par les faits divers visant en particulier des membres de la communauté maghrébine. Dans la majorité des cas, la qualification raciste est avérée. Selon un décompte, il y aurait eu, pour les dix premiers mois de l'année 1983, plus de 35 morts à caractère raciste en France métropolitaine[26]. Quant au ministère de l'Intérieur, il en comptabilise officiellement cinq – liste dans laquelle figure d'ailleurs Toufik Ouannès. Dans son édition du 8 août, *Le Point* publie ainsi une photo montrant l'endroit où est décédé Toufik avec, au pied du mur, des fleurs très certainement placées là par des voisins. Une affiche collée au mur indique qu'« ici, le 9 juillet 1983, mourait Toufik ». Juste à côté, une inscription manuscrite, écrite en arabe, voisine avec une autre affirmant que « Allah est grand ».

Ce meurtre n'a pas manqué d'interpeller les cultes. L'hebdomadaire chrétien *La Vie* entend affronter sans détour la question d'un possible mobile raciste dans le geste commis par René Aigueperse. Dans son éditorial, Jean-Claude Petit souhaite répondre aux questions des lecteurs parfois posées de manière abrupte : « Les immigrés sont-ils de trop ? » :

> « La mort de Toufik et de trop d'autres avant lui, les blessures de deux enfants ce dimanche encore à Saint-Denis, l'escalade des propos racistes et

26. Mohsen Dridi, *L'immigration de A à Z*, publication de la FTCR (Fédération des Tunisiens pour une citoyenneté des deux Rives), 2007.

l'attentisme des hommes politiques nous pressent de prendre parti ».

Sa réponse ne souffre guère d'ambiguïtés, même s'il ne prend pas position sur l'affaire elle-même :

> « Au milieu de nous, les immigrés ne sont pas de trop qui ont contribué à faire avec nous ce que nous sommes. Avec eux, nous sommes capables, nous le croyons, de bâtir une société et un monde où les pays pauvres auront de moins en moins besoin d'exporter les esclaves. Tâche passionnante offerte pour cette fin de siècle aux hommes de justice. Après la mort de Toufik, les évêques français, eux aussi, nous on fait signe. "Pour que les jeunes immigrés puissent prendre leur place dans la société, ont-ils écrit, faut-il hésiter devant les sacrifices que représente la mise en question de certaines structures ? Qu'il s'agisse de l'organisation scolaire, d'une politique de l'habitat, d'une meilleure répartition du droit au travail ou de toute autre question essentielle, ne faut-il pas d'abord les considérer en fonction du droit imprescriptible de chacun à la dignité ?". Nous nous reconnaissons dans ces paroles-là »[27].

Quant à la gauche et même une partie de l'ex-

27. Éditorial de Jean-Claude Petit dans *La Vie*, 3 août 1983.

trême gauche, s'ils prennent aussi en compte le facteur raciste pour expliquer le geste de René Aigueperse, ils insistent sur le contexte de la misère sociale dans certaines grandes cités HLM dont les jeunes sont souvent les premières victimes. *La Vie ouvrière*, l'hebdomadaire de la CGT, rappelle pour sa part la longue liste des meurtres à caractère raciste perpétrés en France durant le seul été 1983[28]. Deux jours avant la mort de Toufik, dans la ZUP de la Bourgogne à Tourcoing dans le Nord, un adolescent de 15 ans, issu d'une famille de Français musulmans, a été blessé de deux balles de 22 Long Rifle tirées par un inconnu. Quelques heures seulement après le meurtre de Toufik, toujours au sein de cette même ZUP, un jeune Algérien de 23 ans sera atteint par une balle tirée lors d'une course-poursuite entre un individu ayant volé une mobylette et la police. Et le lendemain même du meurtre de Toufik, un jeune Martiniquais est tué dans la ville voisine de Saint-Ouen. Sous l'emprise de l'alcool, il aurait uriné près d'une voiture. Le propriétaire de cette dernière a alors sorti un révolver 6.35 et tiré à deux reprises. Une balle dans le cœur foudroie sur place le jeune homme.

Le jour de l'arrestation de René Aigueperse, un ouvrier textile d'origine italienne blesse grièvement

28. René Duchet : « La chasse à l'enfant noir est-elle ouverte ? », *La Vie ouvrière*, 22 août 1983.

un jeune Maghrébin au pied d'une HLM de Pont-Évêque près de Vienne, en Isère. Excédé par le bruit, il avait sorti son fusil de chasse. Il déclarera ne pas avoir visé, mais avoir tiré juste pour effrayer le perturbateur. Le cas de René Aigueperse est donc loin d'être isolé.

Le 20 juillet, à Grenoble, un jeune Maghrébin de 17 ans était quant à lui tué d'un coup de fusil par un maçon portugais au motif qu'il faisait du bruit avec sa mobylette. La Seine-Saint-Denis semble accumuler ce type de faits divers, sans doute en raison de l'importance de la population étrangère qui y vit. Le 28 juillet, Salah Djennane, 8 ans, Maghrébin, est grièvement blessé d'un coup de 22 Long Rifle à la Cité des Francs-Moisins de Saint-Denis, à quelques pas de la Cité des 4 000. Le tireur, apprenti boucher, est âgé de 15 ans et demi. Le 31 juillet, toujours à Saint-Denis mais cette fois dans la Cité des Courtillières, deux enfants sont eux aussi atteints par des plombs.

La liste est encore longue et fait de l'été 1983 un véritable été meurtrier, pour reprendre le titre du film de Jean Becker sorti sur les écrans la même année. D'autres meurtres suivront : Palavas-les-Flots le 3 août, Noisy-le-Sec le 4, puis Toulon, rappelle le journaliste de *La Vie ouvrière* qui s'interroge : « Assistons-nous à une série de crimes racistes ? La ratonnade juvénile ? »

L'explication est peut-être plus prosaïque. La forte composante migratoire des cités HLM les plus pauvres renforce la représentation des jeunes d'origine étrangère. Du point de vue statistique, il est assez logique que les enfants de ces familles se retrouvent en première ligne lors de ces faits divers, comme le relève le journaliste :

> « Alors, quand on tire dans le tas, on a huit chances sur dix que la petite victime s'appelle Toufik, Ahmed ou Paolo. Crimes racistes ? Non, mais drames du mal-vivre des grandes cités ouvrières ».

D'autres journaux partagent ce point de vue. Pour le journaliste de *France-Soir* venu enquêter sur place, la Cité des 4 000 est surtout « un ghetto à base sociale et non ethnique. Un quart des habitants est antillais, un autre quart maghrébin, le reste européen »[29]. Les élus municipaux de La Courneuve penchent également pour le facteur social, y compris en lien direct avec la mort de Toufik. Lors de la réunion du bureau municipal du 6 septembre 1983, les élus soulignent que ce drame a « contribué à aggraver l'inquiétude de la population, l'insécurité et l'envie de quitter les 4 000. Il faut également noter que la police a plus de mal à effectuer son travail », poursuit le rapport.

29. Jacques Remaud, *France-Soir*, 27 janvier 1982.

La qualification de crime raciste semble devoir s'effacer au profit de la causalité sociale. Dans un article de *Révolution*, Maurice Bernard, l'un des militants locaux les plus actifs, propose lui aussi son analyse des circonstances du meurtre. Selon lui, La Courneuve est une cité où les problématiques de classe apparaissent certes surdéterminantes, mais avec une forme raciale. Les jeunes Maghrébins de la deuxième génération cumulent selon lui l'attachement culturel et le désir de s'intégrer à la communauté française avec les difficultés de tous les jeunes qui vivent dans les cités de ce type. De son point de vue, les cités ghettos comme celle des 4 000 reproduisent dès l'enfance la marginalisation :

> « C'est la singularité qui les sort de l'anonymat et il faut mériter sa *réputation*. Il faut donc casser les ghettos. Renverser l'image de ces quartiers. Là où vivre était une malchance peut devenir une chance. Parler d'un traitement inégalitaire positif. "Tenter d'utiliser la génération des Marcheurs sans rien entreprendre de sérieux, d'efficace pour les jeunes des Minguettes, des 4 000, c'est un abus de confiance" »[30].

Selon le même hebdomadaire qui traite dans un dossier du meurtre de Toufik Ouannès, les jeunes

30. Maurice Bernard, *Révolution*, 30 décembre 1983.

constituent en effet les principales victimes du drame du mal-vivre dans les cités HLM : « Les gens qui habitent ici, les jeunes, qu'est-ce qu'ils ont, qu'est-ce qui les attend : de la merde, comme celle qu'ils ont collée dans l'ascenseur ! »[31]. Si l'argument est recevable, on peut aussi considérer que les conditions de vie étaient les mêmes pour les familles comme celle de René Aigueperse. Lui-même récusera devant les enquêteurs toute motivation à connotation raciste :

> « Comme chacun sait, la population de cette cité est très mélangée. Elle est constituée sans doute de Français métropolitains, mais aussi de Maghrébins, d'Antillais, de Noirs, de Portugais, il y a même des hindous et des Asiatiques. Pour autant, je ne suis pas raciste, je n'ai jamais eu de démêlés avec quiconque. Par contre, je ne fréquente pas grand monde, non point parce que je suis fier, mais parce que je ne veux pas avoir d'histoire. En effet, si l'on se mêle de quelque chose dans cette cité, cela dégénère ».

D'autres déclarations complètent cette version. Au cours de son expertise psychiatrique, René Aigueperse niera également tout conflit de voisinage et affirme n'avoir jamais eu de difficultés avec les autres groupes ethniques, « en particulier avec les

31. *Révolution*, « Retour à La Courneuve », 12 août 1983.

Arabes », selon la formulation retranscrite. La désignation de la victime par son origine ethnique doit être soulignée dans la mesure où elle témoigne du fossé socioculturel existant au sein des cités comme celle des 4 000 entre les différentes populations qui y vivent. L'approche est d'essence communautaire. On se reconnaît surtout selon son origine ethnique et non selon son appartenance résidentielle.

Dans son audition du 12 juillet, Monique Aigueperse déclare aux policiers que son époux « n'a jamais eu de problème avec des gens de la cité, quels qu'ils soient, quelle que soit leur race, jeune ou vieux ». A-t-il été entendu par la Justice sur ce point ? Plusieurs documents mettent pourtant l'accent sur une spécificité musulmane dans l'appréhension de ce fait divers. Pour sa part, le tribunal de grande instance, qui prononce en 1985 le renvoi devant la cour d'assises, mentionne la Cité des 4 000 comme un endroit où demeurent de très nombreux travailleurs immigrés et leurs familles, formant « une population très mélangée avec une forte proportion de Maghrébins, d'Antillais et d'Asiatiques ». Le document précise que « de jeunes Maghrébins (y) fêtaient la fin du ramadan en faisant éclater des pétards » et rappelle que des troubles sérieux s'y sont déroulés et qu'à cette occasion, des tracts et des pétitions ont circulé, attribuant un caractère raciste à ce meurtre d'un enfant. Le mémoire en défense de l'avocat de

René Aigueperse évoque, quant à lui, dans le rappel des faits, « le soir d'une chaude journée dans l'atmosphère surexcitée de la fin du ramadan ». D'autres témoignages démentiront cette thèse, affirmant au contraire que c'est bien la préparation de la fête nationale qui était à l'origine de l'emploi des pétards.

Parmi les coupures de presse qui abordent l'hypothèse du mobile raciste dans la détermination du meurtre de Toufik Ouannès, une a particulièrement retenu mon attention. Il s'agit d'un article paru dans la revue *France-Pays arabes* en septembre 1983, dont l'auteur est un certain Lucien Bitterlin. Son nom ne m'était pas inconnu car, lors de notre entretien, la sœur de Toufik m'avait expliqué qu'il avait été à l'origine de la décision de la ville de Paris d'octroyer à la famille un appartement à Paris ainsi qu'un travail pour cette dernière.

Le personnage en question a de quoi étonner lorsque l'on s'intéresse à sa biographie. Sa fiche personnelle, consultable sur Wikipédia, est rédigée de la manière suivante : « Lucien Bitterlin, né le 15 juillet 1932 à Courbevoie, mort le 11 février 2017 à Saint-Raphaël, est le chef gaulliste des barbouzes pendant la guerre d'Algérie, est un militant pro-arabe et un spécialiste du Proche-Orient. Il est inhumé le 17 février 2017 à La Garenne-Colombes ». Ses liens avec l'Algérie, ses réseaux au sein des milieux gaullistes et ses engagements expliquent sans doute pourquoi il a pu venir en aide à la famille Ouannès. Secrétaire général puis président de l'Association de solidarité franco-arabe fondée (ASFA) fondée en 1967, il a été directeur de sa publication mensuelle *France-Pays arabes* jusqu'en 2008. Dans cette revue, il livre sa vision de l'affaire et sa supposée portée raciste. Pour lui, il y a bien, au départ, une suspicion de racisme dans cette affaire :

> « La vague de folie xénophobe souvent meurtrière qui a déferlé sur la France ces derniers mois a suscité des réactions les plus diverses et parfois contradictoires qui ne sont pas sans rappeler un autre été "chaud", celui de 1973 ».

Il rappelle aussi qu'à cette date, les ouvriers étaient davantage visés que les enfants. Ce qui lui donne l'occasion de saluer le courage de la famille de Toufik, en particulier sa mère :

> « C'est parce qu'elle a su s'adresser très simplement et avec beaucoup de dignité à l'opinion française, par l'intermédiaire des médias, que Mme Ouannès a ému, à quelques exceptions, la majorité des Français ».

Il mentionne toutefois les quelques lettres anonymes d'insultes qu'elle a reçues et « qui sont un défi à l'équilibre mental de leurs auteurs » selon ses mots. De son point de vue, la dignité de cette femme tient également au fait qu'elle a estimé que la mort de son fils n'était pas la conséquence d'un acte raciste. Car d'autres enfants ont été visés qui n'étaient pas maghrébins. L'attitude de Madame Ouannès a donc valeur d'exemple, « car elle aspire tout simplement à la tranquillité, à la sérénité, à la sécurité qui vont de pair avec les devoirs de l'étranger dans les pays d'accueil ».

Lucien Bitterlin en profite également pour saluer l'action de la municipalité de La Courneuve. Selon lui, cette dernière a réagi avec pragmatisme pour tenter de trouver les solutions les plus appropriées face à l'urgence sociale. « Nous les vîmes s'opposer avec fermeté aux grandes démonstrations de rue, qui dégénéraient trop souvent en actes de vandalisme », ajoute-t-il. Dès lors, l'enjeu principal est bien social. Selon, lui, il y a en effet plus à craindre d'une émeute sociale que d'un soulèvement à caractère racial.

Il y a donc une sorte de consensus concernant les causalités externes pouvant expliquer ce qui a poussé René Aigueperse à ce geste irréversible. Si l'on en croit *Témoignage chrétien*, la référence à un quelconque mobile d'origine raciste a constitué un point de divergence au sein de la famille Ouannès elle-même. Selon le journaliste venu sur place, la mère de la victime est en désaccord avec sa fille qui estime que, pour sa part, si elle n'a pas de travail, c'est parce que les gens sont racistes. Au contraire, estime sa mère, « il ne faut pas dire ça. Non, ce n'était pas un crime raciste. Non, les gens ne sont pas racistes. Les Français ne nous connaissent pas, c'est tout ». L'auteur de l'article en tire l'enseignement suivant : « Dans sa profonde tristesse, Madame Ouannès nous donne une grande leçon de bonté et de générosité ». Il note également que cela ne l'empêche pas d'être croyante.

> « Au mur de l'appartement, il y a des photos de La Mecque, des sourates, des images coraniques. Ce qui ne l'empêche pas de vouloir s'intégrer à la France. Elle n'a pas suivi son mari en Algérie. Elle veut tout simplement vivre comme tout le monde. Sans histoire, avec les siens. Pour Madame Ouannès, la condition de mère de famille musulmane dans la France, patrie des droits de l'Homme, ce sera encore dur à vivre »[32].

La presse de gauche souligne elle aussi que René Aigueperse est lui-même père de famille, et non un individu isolé vivant dans la cité. *Le Nouvel Observateur* le qualifie même « d'honnête père de famille ».

32. *Témoignage chrétien*, 18 juillet 1983.

L'hebdomadaire dirigé par Jean Daniel note qu'il n'y a jamais vraiment eu d'affrontements dans la cité entre communautés et que le racisme vient souvent de l'extérieur.

Le Matin de Paris, quotidien proche du Parti socialiste fondé par Claude Perdriel en 1977, se montre plus critique. Dans un article intitulé « Le mec tranquille par excellence », il décrit René Aigueperse comme un « Français moyen, Dupont Lajoie en puissance »[33]. Il cite également les propos d'un jeune (anonyme) à propos du racisme qui aurait pu armer le bras de René Aigueperse : « Si on ne lui avait pas mis dans la tête que les bicots étaient une sale race, ça ne serait pas arrivé ».

On retrouve également dans le mensuel *Jeune Afrique* le soupçon du racisme dans la mort de Toufik Ouannès :

> « Taoufik Ouannès, le petit Algérien au visage d'ange espiègle auréolé d'une lourde tignasse de cheveux noirs bouclés, est mort assassiné [...] Né en août 1973 à Clichy-sous-Bois, ce gavroche des temps modernes au teint basané n'aura jamais quitté le département de la Seine-Saint-Denis »[34].

33. *Le Matin de Paris*, 13 juillet.
34. *Jeune Afrique*, 20 juillet 1983.

Pour l'auteur, si le meurtrier peut être perçu comme « un pauvre type certainement bon père de famille, genre *métro, boulot, dodo* », ce ne sont guère les raisons liées au chômage et la peur, la chaleur et le bruit, les tours et les fusils, qui peuvent expliquer seuls ce drame. L'essentiel est ailleurs :

> « La présence de centaines de milliers de Taoufik pris entre deux cultures, dont la plupart ne rejoindront jamais leur pays d'origine, dont beaucoup ne s'intégreront jamais au pays où ils sont nés. Une génération sacrifiée ».

En revanche, d'autres médias s'opposent à l'idée que la motivation, même inconsciente, serait de nature raciste. Dans un article intitulé « Les nerfs lâchent, les enfants trinquent », *Le Point* explique que si, dans un premier temps, l'hypothèse du meurtre raciste a pu paraître envisageable, la réalité est en fait plus « navrante » : « Le geste a été accompli par un locataire excédé par le vacarme des pétards que Toufik faisait exploser ». De l'autre côté du spectre politique, *Lutte ouvrière* confirme que ce meurtre ne peut être relié à une quelconque motivation raciste. C'est plutôt la concentration humaine au sein des grands ensembles qui pourrait expliquer le fait que « certains se sentent isolés et sans autre recours que de transformer leur appartement en Fort Chabrol »[35]. À quoi peut-on attribuer cet isolement si ce n'est qu'à l'érosion de la vie collective au sein d'un habitat lui-même collectif? Selon la journaliste, la seule morale qui y prévaut est « l'individualisme, le chacun pour soi, l'absence de respect d'autrui ». Pour autant, en conclure que ce type de comportements, certes identifiés par des études depuis la fin des années 1960, serait bien à l'origine de l'acte de René Aigueperse est un peu rapide.

Il n'en reste pas moins que la thèse selon laquelle la forme même des grands ensembles serait propice à de tels agissements traverse tous les courants politiques. Ce qui marque une nette distinction avec notre époque, c'est que le facteur social et non racial l'emporte encore. Toufik Ouannès n'a pas été tué parce qu'il était d'origine maghrébine, mais parce qu'il représentait une sorte de « gêne sociale ». C'est peu ou prou la thèse défendue également par le quotidien d'extrême-droite *Présent* dans son édition du 23 juillet 1983. Selon lui, la vraie raison pouvant expliquer la mort de Toufik Ouannès, c'est le « cadre de vie contraire à la décence sociale » ainsi que « les conditions de vie inhumaines parce que a-sociales ». « C'est la cité et ses mœurs qui ont tué le jeune Toufik avant même tout problème racial », conclut le journal.

35. Hélène Dury, *Lutte ouvrière*, 6 août 1983.

En revanche, pour le journal d'extrême droite *Présent*, le lien avec l'islam est avéré. Le titre de sa Une du 11 juillet (signé Hugues Kéraly) ne laisse guère place au doute sur ce point : « La Courneuve : le petit mort du ramadan. Un drame de l'immigration sauvage, du précepte islamique et de la promiscuité ». L'occasion également pour l'auteur de souligner le fait que la désignation au journal d'Antenne 2 du meurtre comme d'un crime raciste « a donné l'occasion à de jeunes Maghrébins de casser et incendier les boutiques des petits commerçants sans que la compagnie de CRS présente à La Courneuve ne songe à intervenir ».

Dans un tout autre registre, un communiqué des églises chrétiennes de France réfute, lui aussi, le motif raciste pour tenter d'expliquer le meurtre de l'enfant de La Courneuve, mais insiste toutefois sur la multiplication des violences commises sur des jeunes Maghrébins. Il met surtout en avant « la convergence impressionnante de ces agressions et des circonstances qui les entourent (et qui) manifeste une vive hostilité vis-à-vis de la communauté maghrébine vivant en France ». De ce point de vue, « les jeunes Maghrébins sont particulièrement l'objet d'incompréhension et de racisme », ce qui amoindrit leurs chances de s'intégrer dans la société qui ne pourra pas se faire sans la remise en cause de certaines structures comme l'école, l'habitat, le droit au travail et surtout par le respect du droit de chacun à la dignité[36].

La thèse du crime raciste ne semble donc pas défendable. Dès le 11 juillet, une note du préfet de Seine-Saint-Denis au porte-parole du gouvernement l'assure : « Rien dans l'état actuel de l'enquête ne permet d'indiquer qu'il s'agit d'un crime à caractère raciste ». L'hypothèse d'un crime raciste semble avoir plutôt fait l'objet d'une recomposition *a posteriori*, en particulier autour de la Marche pour l'égalité et contre le racisme. Il n'en reste pas moins qu'au moment du décès de Toufik Ouannès, la compréhension, y compris gouvernementale, des problématiques liées à l'immigration est en train d'évoluer. L'empathie du Parti socialiste au cours des années 1970 à l'égard des travailleurs immigrés semble faire l'objet d'un réajustement, même relatif. Georgina Dufoix, qui porte le dossier au sein du gouvernement, rappelle dans une interview au *Point* que, si les immigrés ont bien évidemment des droits, ils doivent également veiller à respecter les lois françaises :

> « Si les Français doivent faire l'effort de comprendre les cultures des résidents étrangers, ceux-ci doivent respecter les lois françaises, les habitudes des Français »[37].

36. Communiqué repris dans *La Croix*, 22 juillet 1983.
37. Propos repris dans *Ouest-France*, 16 juillet 1983.

La ministre fait également allusion à la fin du ramadan qui, selon certains observateurs, aurait pu constituer une explication plausible à l'utilisation de pétards par Toufik et ses copains. Du point de vue de Georgina Dufoix, cet événement peut en effet être une source d'exaspération pour certains Français. S'il est nécessaire de leur faire comprendre pourquoi certains restaurants se remplissent la nuit venue, il est tout aussi indispensable « d'expliquer aux musulmans que le bruit n'est pas acceptable pour leurs voisins français. Souvent, ils interprètent leurs protestations comme une hostilité à leur égard. Ils ont tort. Ces Français ont sommeil, tout simplement. C'est ainsi que naissent les conflits. Tout est affaire de dialogue », conclut-elle. La ministre annonce d'ailleurs qu'une brochure sera éditée à l'intention des étrangers vivant en France pour leur rappeler qu'« ils ont des droits mais aussi des devoirs ». Une analyse qui fait singulièrement écho aux circonstances du drame qui a eu lieu deux semaines plus tôt à La Courneuve. René Aigueperse fait partie de ces Français exaspérés par le bruit au pied de leur immeuble. Même si dans ce cas, la corrélation avec la célébration de la fin du ramadan n'est pas avérée, contrairement à l'affirmation de certains journaux comme *Le Figaro*.

Le jeu des pétards de Toufik Ouannès et de ses copains constituait « leur manière de fêter le dernier jour du ramadan »[38]. Peut-être cette suspicion de racisme a-t-elle donné à ce fait divers une audience nationale, entraînant un fort degré initial de médiatisation.

En 2000, le romancier et scénariste Jean Vautrin, engagé politiquement à gauche, a écrit un texte sur Toufik Ouannès dans lequel il dénonce tout à la fois l'absurdité de cette cité tout en béton ainsi que le caractère raciste qui environne ce fait divers. Ce texte m'a paru suffisamment éclairant sur le sujet pour être reproduit *in extenso*. Intitulé « Beau Fixe », il est paru dans la revue *Le Passant Ordinaire*[39].

> « Par où commencer ?
> Le 9 juillet, Toufik Ouannès est mort. Clamsé béton. Flingué fin du guidon par un caractériel mou. Balle anonyme. Cité-dortoir. Barres. Cent quatre-vingts fenêtres de devinette.
> Toufik avait les dents du bonheur. Dix ans de la tête aux pieds. Zonard importé, deuxième génération. Vachard avec les cons. Rieur avec ses potes. Poli avec sa mère.
> Il était vingt et une heures lorsqu'il a trouvé un œillet rouge sous sa chemise. Une fleur de dou-

38. *Le Figaro*, 11 juillet 1983.
39. N° 32, décembre 2000-janvier 2001, dans un dossier « Mutations urbaines ».

leur qui faisait carabosse à la place du sang. Ça pissait. Ses doigts se sont crispés. Il a dit :
– J'ai mal.
Et il s'est mis à courir.
La chaleur du soir allait encore un train d'enfer.
La ville achélème était en mélasse.
Du sucre entre les doigts.
Toufik courait. Bâtiment A. Bâtiment C. Bâtiments à lettres. Des cubes. Des alvéoles par où les gens passaient la tête comme des guêpes. Toufik courait. C'était encore loin pour aller mourir sur la dalle de ciment.
Les femmes des "4 000" disaient :
– Ça devait arriver.
Une rumeur traçait poudre et méandre dans les couloirs de la cité. Virgules de merde. Graffiti. Lucette suce Brahim. Même colère. Même anéantissement. Même peur endémique. On disait, on répétait :
– Si on est maghrébins, on nous tire dessus.
Toufik était étendu sur la dalle. Des gamins comme lui l'entouraient. Farid et Béchir. N'Doula et Pierrot. Et même le fameux King Domino. C'était comme une fois, sur le quai de la gare, quand toute la famille avait fait semblant de partir en vacances à la mer. Toufik se souvenait. On avait pris tout le bataclan. Le plat à tajine. Les maillots et les raquettes de tennis.

Manquait plus que l'argent des billets. Et maintenant, c'était exactement pareil, tous les mecs étaient là. Sauf que ce coup-ci, Toufik se sentait partir pour de bon. Les autres allaient rester mais pas lui. Ça se voyait à leur tristesse.

Ah ! Ce que c'était dur ! Les yeux surtout. Ses yeux, mon vieux, tu peux pas savoir, pour les rouvrir, c'était tout un opéra.
Les femmes des "4 000" disaient inlassablement :
– Ça devait arriver.
Et après que Toufik fut mort et que la nuit-poisse se fut refermée, les femmes d'Algérie, celles de la Guadeloupe et celles du Sénégal répétaient toujours que ça devait arriver.
Les jeunes disaient :
– Il faut foutre le feu pour faire sortir tout le monde. On trouvera le fusil qui a tiré.
Ils disaient encore d'autres phrases beaucoup plus désespérées !
– Dans le temps, on mettait tout sur le dos des Juifs et, maintenant, on accuse les Arabes.
Ils disaient, ils répétaient que l'assassin était peut-être un Français.
La police est venue. Gyrophares bleus. On s'est écartés. Ceux du SDPJ de Bobigny et ceux de la Brigade criminelle. Des vedettes en Ray-Ban. Tu les reconnaissais à ce qu'ils avaient vu des films.

Les gens d'ici, ceux qui savent la musique, les voisins ont dit :
– Ils ne trouveront pas l'assassin.
Les hommes d'ici ont pensé à Toumi Djaidja, blessé par le maître-chien Patrick Besnard aux Minguettes. Et à d'autres. Des Algériens, des Maliens, des Martiniquais qui avaient payé de leur vie des gestes de révolte. Quoique pas forcément. Parfois, il suffisait de se trouver là pour prendre des balles orientées de haut en bas. Beaucoup de policiers trébuchaient quand ils tenaient une arme de service. Et même en civil, ça leur arrivait.

Les femmes d'ici, les jeunes aussi et les hommes ont eu l'impression que Toufik Ouannès était un nouveau mort pour rien. Que les choses ne changeraient plus. Et le bruit courait qu'un planton du commissariat de La Courneuve aurait dit :
– Ce n'est qu'un bougnoule de moins.
Alors, la rage était dans les cœurs ».

8.
« La cité de la peur »

En 2019, la sociologue Marie-Hélène Bacqué, spécialiste des problématiques urbaines, en particulier celles relatives aux quartiers populaires, a publié un ouvrage intitulé *Retour* à Roissy. Un voyage sur le RER B[40]. Près de vingt ans plus tôt, François Maspéro avait, le premier, emprunté avec une photographe le même itinéraire en investiguant les 38 gares présentes tout au long des 50 kilomètres de lignes.

La banlieue a toujours fait l'objet d'un très vif intérêt de la part de celles et ceux qui s'intéressent au devenir de ces territoires singuliers. Nombreux furent, par exemple, les journalistes venus dans les années 1960 observer le développement social des nouveaux grands ensembles. Certains de ces repor-

40. Marie-Hélène Bacqué, *Retour* à Roissy. Un voyage sur le RER B. Photographies d'André Mérian, Seuil, 2019.

tages semblent proches des observations réalisées par les entomologistes. L'approche négative n'a, en réalité, jamais cessé et s'est réactivée à chaque drame ou flambée de violence produite dans un grand ensemble.

Depuis l'origine de ces derniers, *France-Soir* a fortement contribué à alimenter les représentations négatives. Au lendemain de la mort de Toufik Ouannès, le journal titrera : « Les 4 000, c'est la cité de la peur »[41]. Un article au titre explicite (souligné en gras) : « Anciens des bidonvilles, sans emploi, immigrés, femmes abandonnées, enfants livrés à eux-mêmes, un véritable terreau de délinquance ». L'auteur évoque des bâtiments de plus de 20 étages (alors que le maximum dans la cité est de 15) au sein desquels évoluent des « terreurs de sept ou huit ans [...] des clans, des bandes, qui se déclenchent ». Il en profite aussi pour souligner que *Le Figaro* a d'ailleurs minimisé les faits par manque d'intérêt pour le sujet et la même chose pour *L'Humanité* mais cette fois, par sympathie pour la municipalité.

L'ensemble de la presse nationale a assuré à ce fait divers une couverture médiatique de premier ordre, comme en témoignent les très nombreuses coupures de presse consultables dans le fonds du cabinet du maire aux archives municipales de La Courneuve.

41. *France-Soir*, 11 juillet 1983.

Dès l'annonce du meurtre, nombreuses ont été les réactions politiques. Deux d'entre elles sont particulièrement intéressantes. Il s'agit en premier lieu de Georgina Dufoix, en raison de ses déclarations concernant la vie des immigrés en France. Elle fait part de sa « très vive émotion » et affirme sa « profonde détermination » à agir « afin que soit respecté le droit de tous à vivre en paix sur notre sol ». De son côté, Jacques Chirac, qui est en dernier ressort décideur sur le dossier de la dévolution des 4 000 à La Courneuve, se dit « partagé entre la stupéfaction et l'indignation ».

Si ces réactions répondent largement aux canons de la bienséance commémorative, c'est au plan purement politique que le meurtre de Toufik Ouannès va connaître un prolongement inattendu.

*

Le 22 juillet 1983, une délégation du Parti communiste français (PCF) conduite par Georges Marchais, son secrétaire général, rencontre le ministre de l'Intérieur Gaston Defferre afin d'examiner divers aspects de la vie dans les villes et les grands ensembles. Selon le dirigeant communiste, le meurtre notamment de l'enfant de La Courneuve a conduit sa formation politique à réclamer la mise en œuvre d'un ensemble de dispositions gouvernementales visant au renforcement du pouvoir des communes. Pour Georges Marchais, « il importe maintenant que les maires aient la maîtrise des attributions de logements existant sur la commune et un meilleur contrôle du parc des logements sociaux sur leur territoire ». Il met également l'accent sur la nécessité d'arrêter l'immigration clandestine, l'accueil dans ces communes de la population étrangère, mais aussi une intensification des politiques de la réhabilitation des quartiers, de la formation professionnelle ainsi que celles visant les loisirs et les vacances des jeunes. Dès lors, l'affaire criminelle devient un moyen politique afin d'accélérer les programmes de réhabilitation dans les banlieues en difficulté. Alors que le maire de La Courneuve a décidé d'annuler toutes les festivités prévues pour le 14 juillet par respect pour le deuil de la famille de Toufik, la visite du président de la République à La Courneuve durant ce même mois de juillet va largement contribuer à la médiatisation de ce drame.

Évènement plutôt rare pour ce type de fait divers, le meurtre de Toufik Ouannès est évoqué durant le Conseil des ministres qui se tient le 13 juillet à l'Élysée, dont le thème principal porte sur la vie quotidienne des Français. Selon le porte-parole du gouvernement, Max Gallo, le chef de l'État a insisté sur la nécessité de poursuivre l'effort engagé par la jeune Commission nationale pour le développement social des quartiers : « La réhabilitation des 22 quartiers dégradés dans plusieurs villes recommandée par la commission Dubedout compte parmi les grands projets sur lesquels j'ai engagé mon septennat », a-t-il tenu à faire savoir aux ministres présents. Toujours selon l'intervention du chef de l'État rapportée par le porte-parole :

> « Il faudra du temps et des efforts pour que la vie quotidienne de beaucoup, souvent les plus humbles, devienne plus facile dans les grandes agglomérations ou dans les quartiers, dans les grands ensembles. Cela exige donc de poursuivre activement la politique déjà engagée. L'État, qui a déjà beaucoup fait dans ce domaine depuis 1981, devra mettre en œuvre, avec énergie, cette priorité retenue par le IXe Plan ».

Max Gallo ajoutera que le meurtre de Toufik devait être l'occasion, avec « la mort d'un innocent, d'une réflexion collective sur le problème des grandes cités, où se concentrent le plus souvent des immigrés depuis plusieurs années »[42].

Il s'agit donc de fournir une réponse politique à un drame, qui, à l'origine, relève plutôt de la sphère familiale. Mais comme il le dira en conclusion de son compte rendu devant la presse présente à l'Ély-

42. *Le Monde*, 14 juillet 1983.

sée, « ce qui s'est passé à La Courneuve interpelle notre conscience ». En se rendant dans la Cité des 4 000, François Mitterrand entend donc donner à ce fait divers une dimension symbolique. « Le président veut sauver la banlieue [...] La bataille pour la ville est ouverte », titre, un brin bravache, l'hebdomadaire des socialistes, *L'Unité*.

La consultation des archives de la présidence de la République, soumises à dérogation, permet de suivre le cheminement politique de la visite de François Mitterrand à La Courneuve. Il s'agit pour lui d'une première, dans la mesure où le natif de Charente et Nivernais d'adoption n'est pas forcément à l'aise avec ce monde urbain si particulier qu'il connaît mal. C'est son prédécesseur, Valéry Giscard d'Estaing, qui, le premier, s'est inquiété du devenir des banlieues les plus récemment urbanisées. Pour cela, en 1979, il avait convoqué à l'Élysée un Conseil interministériel pour envisager des pistes de réflexion en vue de l'amélioration du cadre de vie dans ces territoires.

La victoire de François Mitterrand a constitué de ce point de vue un immense espoir pour tous ceux qui, à l'époque, pensaient que la victoire de la gauche se traduirait en effet par une amélioration de leur sort, en particulier pour les plus modestes. Pour Abdel, animateur qui encadrait notamment Toufik au centre de loisirs :

> « *Pour nous la gauche c'était l'*espoir, l'espoir que les choses changent. Les mobilisations de la fin des années 1970 avaient forgé des militants. Des intellectuels commençaient à s'intéresser aux quartiers populaires et à penser la banlieue »[43].

Mais très vite, il a fallu déchanter et des notes de son cabinet alertent François Mitterrand quant à la dégradation de la situation dans certaines banlieues, notamment à La Courneuve. Une note retrouvée dans les archives de la présidence de la République, rédigée par l'ancien secrétaire général adjoint de la CNDSQ Pierre Saragoussi, au secrétaire général de la présidence, Jean-Louis Bianco, tire la sonnette d'alarme. Elle est datée seulement deux jours après le meurtre de Toufik et il est tentant de faire un rapprochement entre l'impact médiatique qu'est en train de prendre l'événement et l'avertissement que contient la lettre :

> « À l'heure où la droite exploite avec bonheur le thème du racisme, la gauche devrait se méfier des affrontements raciaux que son immobilisme suscite car ils sont le levain des affrontements politiques de demain. L'action de la commission

43. Blog du journal *Le Monde*. « Histoire du quartier (3) : L'espoir éphémère des années 80 ». https://www.lemonde.fr/banlieues/article/2010/07/23/histoire-du-quartier-3-l-espoir-ephemere-des-annees-80_5977286_1653530.html

en faveur de tous les habitants des quartiers prioritaires était une réponse à la guerre fratricide qui risque d'opposer la nouvelle classe ouvrière qui se trouve être de fait multiraciale »[44].

En se rendant à La Courneuve dans la Cité des 4 000, il ne s'agit donc pas seulement pour le président de la République d'honorer la mémoire d'un enfant tombé sous les balles, mais aussi de donner un signal fort sur un thème qui n'a cessé de monter en tension après les élections municipales. On peut aussi y voir un changement de stratégie dans la mesure où, jusqu'alors, le dossier des banlieues difficiles selon un terme de l'époque était essentiellement porté par le Premier ministre. On peut également penser que l'enjeu migratoire a joué un rôle dans la mobilisation élyséenne. Comme on l'a vu, la suspicion de racisme dans le meurtre de Toufik Ouannès a échauffé les esprits et il revient au chef de l'État d'intervenir sur ces questions afin d'apaiser le débat. Dans cette note datant de septembre 1983, la conseillère pour les questions d'urbanisme, Ségolène Royal, le met en garde sur les risques politiques d'un dérapage de certaines banlieues. Elle estime en effet qu'au vu des déplacements réalisés sur le terrain, la situation dans certaines banlieues s'est fragilisée et même aggra-

44. Note de Pierre Saragoussi à Jean-Louis Bianco, 13 juillet 1983, Archives nationales, AG/5(4)5788. Souligné dans la note.

vée. Elle met en avant le « découragement devant une situation de moins en moins maîtrisée »[45]. On est alors très loin de l'existence d'une « France au pluriel » pour reprendre le titre d'un ouvrage du PS préfacé par François Mitterrand et publié en 1981 durant la campagne présidentielle[46].

C'est donc le 26 juillet que le président de la République, accompagné de l'architecte Roland Castro, fait une visite surprise dans la Cité des 4 000. Toujours selon Abdel, l'animateur de la cité interrogé dans le Blog du *Monde* et que j'ai rencontré, « il est passé près de Renoir. Une famille de la cité l'a invité à venir boire le thé. Les gens étaient contents, on espérait que le quartier aille mieux ».

On dispose de peu d'informations concernant cette visite car d'une part, elle semble avoir été organisée en urgence, et d'autre part, les journalistes n'ont été invités à rejoindre le cortège présidentiel qu'en fin de matinée, pour le discours du chef de l'État à la Bourse du travail de Saint-Denis, œuvre des architectes Castro et Stinco. On dispose toutefois de quelques éléments d'informations.

Parti à 9 h 30 de l'Élysée, le cortège présidentiel a tout d'abord visité Issy-les-Moulineaux et l'ensemble

45. Note de Ségolène Royal à François Mitterrand, 27 septembre 1983, *ibid.*, AG/5(4)4359.

46. Parti socialiste, *La France au pluriel*, préface de François Mitterrand, Éd. Entente, 1981.

de la Butte Rouge à Châtenay-Malabry. C'est en hélicoptère que le président a ensuite rejoint La Courneuve, et plus précisément la Cité des 4 000. Évidemment, la surprise a d'abord prévalu parmi les habitants, en particulier les plus jeunes qui se rappelaient l'avoir déjà vu à la télévision. La surprise est telle que le maire n'a pas pu se rendre disponible pour accueillir le président de la République à son arrivée. C'est sa première adjointe, Paulette Lajoinie, épouse du président du groupe communiste à l'Assemblée nationale, André Lajoinie, qui rejoindra en fin de visite le cortège présidentiel.

De ce déplacement, la presse retient surtout la visite inopinée de François Mitterrand dans un appartement, à la demande d'un couple de rapatriés tunisiens qui l'ont invité à prendre un café chez eux. L'occasion pour le président de voir *in situ* l'état de dégradation de celui-ci. Lui-même déclarera à l'issue de cette journée qu'il voulait voir de ses propres yeux comment les choses se passaient. Pour sa part, *Le Matin de Paris* fera sa Une le lendemain avec ce titre : « Le Président mène l'enquête ».

Quel rôle le meurtre de Toufik Ouannès a-t-il joué dans la volonté de François Mitterrand d'organiser ce déplacement à la dernière minute ? Pendant quelque temps, la rumeur a couru que ce dernier avait rencontré la mère de Toufik Ouannès durant son passage dans la cité. Interrogée sur ce point, la famille

Hacoun, chez qui le président a passé un moment, dissipe tout malentendu. Selon Elie Hacoun, l'entrevue n'ayant duré qu'un quart d'heure, l'essentiel de la conversation a été consacré à la situation personnelle de la famille. « Si on commençait à parler de Toufik, explique-t-il, on pouvait discuter toute la journée tellement il y a de problèmes dans la Cité des 4 000 ». De plus, à sa connaissance, Madame Ouannès était en Algérie où avait été enterré son enfant[47]. La sœur de Toufik me confirmera que sa famille n'a pas rencontré le président.

Selon *Le Monde*, la famille Hacoun avait cependant souligné que « la sécurité avait été renforcée depuis l'assassinat d'un enfant algérien, le 9 juillet dernier ». Toujours selon le quotidien, il s'agissait pourtant d'un sentiment non partagé par un groupe de jeunes présents eux aussi et pour lesquels « ce n'est pas parce qu'il est venu ici que cela va changer quelque chose. Ce qu'il faudrait, c'est à manger, de l'argent ou au moins des terrains de football pour jouer. Toujours selon eux, il n'y avait pas plus de sécurité aux 4 000, mais simplement des flics partout »[48]. La mention d'une visite du chef de l'État à la famille Ouannès restera toutefois présente dans certains récits[49].

---

47. *Le Matin de Paris*, 27 juillet 1983.
48. *Le Monde*, 28 juillet 1983.
49. C'est le cas du livre de Mogniss H. Abdallah, *Rengainez, on arrive!* (Éditions Libertalia, 2012).

Après la Cité des 4 000, François Mitterrand se rend à la Bourse du travail de Saint-Denis où il expliquera aux journalistes le sens de ce déplacement en banlieue. Il rappelle à cette occasion que la Cité des 4 000 est l'un des ensembles retenus par la CNDSQ et qu'elle nécessite une réhabilitation prioritaire étant donné son état général. En revanche, pas de mention du meurtre qui y a été commis. Il retrouvera pour la circonstance les accents de sa campagne présidentielle, insistant sur la dimension humaine du problème, mettant en avant la nécessité de rendre ces ensembles urbains « plus habitables ». Quelques semaines plus tard, les architectes Roland Castro et Michel Cantal-Dupart se verront confier officiellement une mission par le Premier ministre afin de répondre à la volonté présidentielle concernant le devenir des banlieues populaires. Ce sera le début de l'aventure *Banlieues 89* qui durera jusqu'au début des années 1990, et marquera les évolutions de la politique de la ville.

Comment dès lors interpréter le silence sur la mort de Toufik Ouannès ? Peut-être la volonté de ne pas interférer dans une affaire en cours, ou plutôt de rester dans la thématique de la réhabilitation des cités ? La dernière hypothèse semble la bonne, dans la mesure où le président a visité plusieurs grands ensembles des banlieues sud, est et nord de la capitale et qu'il était accompagné par le directeur de l'urbanisme et des paysages au ministère de l'Urbanisme et du Logement, Yves Dauge, ainsi que par l'architecte Roland Castro, et par le PDG du Club Méditerranée, Gilbert Trigano, chargé du projet de l'Exposition universelle de 1989, abandonné quelques jours plus tôt. La visite du président ne semble pas, en tout cas, pouvoir être interprétée comme une volonté de rendre hommage à l'enfant de La Courneuve. Par la suite, François Mitterrand visitera en août deux autres quartiers destinés eux aussi à faire l'objet d'un programme de réhabilitation. En cela, on peut penser que la visite présidentielle a eu principalement pour but de faire entrer la cité de La Courneuve dans le cycle de la transformation des quartiers et des banlieues dont le chef de l'État veut faire un acte politique fort de son septennat.

Bernard Barre, ancien responsable du service Urbanisme de La Courneuve entre 1974 et 2005 (décédé en 2023), a laissé un témoignage sur les suites de la visite présidentielle :

> « Le 13 juillet, il y a un gosse, Toufik, qui s'est fait descendre en 83 donc, et là, alors tout de suite branle-bas de combat, évidemment la Commission nationale est sortie des lambris du 7e arrondissement, Tonton est venu avec Castro en hélico et il fallait commencer le projet en août

> là. On avait élaboré un programme de travaux de première urgence. C'est-à-dire qu'on disait, ce projet, il est ambitieux mais la ville a besoin de durée pour se faire, on ne va pas le faire comme ça. Donc, il va falloir pouvoir continuer à habiter là-dedans, en étant rétablis dans sa dignité, quand même un minimum »[50].

Maurice Bernard, l'infatigable militant du syndicalisme résidentiel, tiendra lui aussi à faire part au chef de l'État de ses doutes et à insister sur le caractère avant tout humain des problèmes qui se posent dans ce type de cité :

> « Monsieur le président, ce que vous avez vu en gravissant les escaliers des “4 000”, ce n'est que la partie de l'iceberg. Dans ces barres hideuses à la façade lépreuse vivent des familles »[51].

Dans sa lettre de réponse, François Mitterrand se dira « sensible à l'action que mènent tous les animateurs sur ces quartiers ». Et conclura sur ces mots :

---

50. *Les réenchantements de La Courneuve*, Laboratoire Architecture Anthropologie, École nationale supérieure d'architecture de Paris-La Villette. Appel à proposition de recherche « Renouveler et recomposer les quartiers », Plan Urbanisme Construction Architecture, 2009.
51. *Le Journal d'Aubervilliers*, 2 septembre 1983.

« L'habitat social dégradé, où se trouve logée une population dont les enfants cumulent tous les handicaps face à la vie, doit disparaître de notre pays. J'y veillerai personnellement »[52].

Avec la dévolution de la Cité des 4 000 à la commune de La Courneuve cette même année 1983, se met en place un projet de transformation en profondeur de son image. Ou tout au moins de lui donner une image à part entière, tant celle-ci apparaît lacunaire, pour ne pas dire totalement inexistante dès les origines. Lors de sa création, le nouvel ensemble résidentiel a été divisé entre « zone nord » - « zone sud », uniquement en raison de leurs positionnements géographiques respectifs. La nouvelle cité avait également reçu le surnom de « cité bleue » en raison de la monotonie de la couleur choisie pour les revêtements muraux en céramique.

Dans le récit qu'elle fait de son passage à La Courneuve durant son odyssée sur le RER-B, Marie-Hélène Bacqué cite le film de Jean-Patrick Lebel, *Lettre ouverte à Jean-Luc Godard. Notes pour Debussy*, diffusé en 1986 après la démolition de la barre Debussy en 1986[53], dans lequel il s'adresse au cinéaste Jean-Luc Godard dont le film *Deux ou*

52. *Ibid.*

53. D'autres destructions suivront. Ce sera en 2000 la barre Renoir, suivie quatre ans plus tard des barres Presov et Ravel, puis de la barre Balzac, en 2011.

trois choses que je sais d'elle, tourné en 1966, ne citait jamais nommément les 4 000 :

> « Le film *Deux ou trois choses que je sais d'elle* de Jean-Luc Godard (1967) constitue une étape importante dans la représentation de la banlieue parisienne. Pour la première fois, à partir d'une enquête journalistique, un cinéaste filme de l'intérieur un grand ensemble, en l'occurrence les 4 000 de La Courneuve »[54].

Comme le souligne une historienne de l'architecture, son nom se trouve réactivé autour de trois grands types d'événements : faits divers violents, visites d'hommes politiques et démolitions[55]. On peut considérer que la mort de Toufik Ouannès agrège ou hybride les trois formes de rejets et de stigmatisations urbaines, et qu'à ce titre, la municipalité a engagé une série d'opérations à visée médiatique permettant précisément de donner une autre image de la cité au moment même où elle s'apprête enfin, de plein droit, à rejoindre le giron municipal. Dans ce sens, la rue Renoir, où vivaient Toufik Ouannès et René Aigueperse, détient un statut particulier dans le registre de la stigmatisation sociale. Dans leur

54. Marie-Hélène Bacqué, *op. cit.*, p. 167.
55. Valérie Foucher-Dufoix, « Le nom sans la chose. Enjeux toponymiques autour des "4 000" à La Courneuve », *Histoire urbaine*, 2019/3, n° 56.

petit livre sur La Courneuve *Mise en images d'une banlieue ordinaire*, Christian Bachmann et Luc Basier citent le témoignage d'un médecin à propos de la réputation de la rue Renoir au moment où s'est produit le drame :

> « La rue Renoir a une mauvaise réputation parce qu'au tout début, les premiers problèmes dans cette cité, ça a été le café, quand il y a eu un jeune tué au Narval, ça remonte il y a douze ans… Il y a eu une publicité… Et puis, vous savez le drame, le petit Toufik qui a été abattu, c'était la rue Renoir. Maintenant, il y a d'autres choses rue Renoir, on n'en parle pas. Je crois qu'on a trouvé dans des caves un gars pendu. Oui au théâtre, il y avait des fêtes, tout ça, des mariages. Ils ont trouvé un gars pendu, ils ont fermé. Alors, on s'est dit, c'est à côté de la rue Renoir »[56].

Les deux chercheurs sont d'ailleurs ceux qui ont le mieux analysé l'impact médiatique du meurtre de l'enfant de La Courneuve :

> « La Courneuve avait fait la Une de tous les quotidiens, au moment de la mort de Toufik. Hommes politiques et paroliers de chansons, journalistes

56. Christian Bachmann et Luc Basier, *Mise en images d'une banlieue ordinaire*, éditions Syros, 1989, p. 47.

et cafetiers, sociologues et gardiens d'immeubles avaient pris La Courneuve en otage dans leur langage quotidien, comme ils l'avaient fait pour Sarcelles autrefois. Les 4 000, dûment étiquetés, sinistrement promus au rang de symbole national, presque passés en proverbe, devaient être à la hauteur de leur réputation »[57].

*

Désormais, l'objectif est, pour la municipalité, de renverser l'image de la ville, pour les habitants eux-mêmes mais également pour l'extérieur. En septembre 1983, l'Université Paris-Nord-Villetaneuse ouvrira une antenne provisoire dans la Cité des 4 000. Faut-il y voir un lien direct avec le fait divers survenu durant l'été ? Elle sera en effet installée dans un deux-pièces situé au 14e étage du bâtiment D de la rue Renoir, c'est-à-dire à deux pas des appartements de Toufik Ouannès et René Aigueperse. L'antenne restera en fonction deux ans.

Mais c'est surtout la ville de La Courneuve qui va tenter d'écrire un nouveau récit urbain. À la Une du journal du 21 juillet, c'est-à-dire deux semaines après le drame, *Le Parisien* affichera ce titre : « Le drapeau de La Courneuve va flotter sur les “4 000 HLM” : Paris décolonise ». Quelques mois plus

57. *Ibid.*, p. 13.

tard, le Centre dramatique de La Courneuve créera à la Maison de la culture de la Seine-Saint-Denis à Bobigny une pièce de théâtre intitulée *Le Cosmos. Histoires de banlieue.* Le *récit*, en trois étapes, raconte l'histoire complexe du rapport que les habitants entretiennent avec le territoire de La Courneuve depuis les années 1960. Une manière de construire une identité urbaine à part entière pour cette commune de banlieue, autrement que comme un appendice parisien.

Il n'en reste pas moins que la tenue du procès de René Aigueperse en 1986 renverra la cité à ses vieux démons médiatiques, pour certains d'entre eux non encore exorcisés.

9.
Le procès

Après la visite de François Mitterrand dans la cité le 26 juillet 1983, le fil de l'actualité s'est déplacé vers d'autres lieux, vers d'autres morts, toujours en lien avec les grands ensembles. Quant à la nouvelle tant attendue de l'intégration de la Cité des 4 000 dans le giron municipal, elle se produit enfin. En septembre 1984, la section locale de la Confédération nationale du logement a d'ailleurs organisé un défilé et une fête populaire pour célébrer cette annonce. La municipalité va pouvoir mettre en œuvre le plan de réhabilitation qu'elle a prévu avec la Commission nationale pour le développement social des quartiers. Celle-ci se traduira notamment par la démolition de la barre Debussy, site emblématique des 4 000 le 18 février 1986. L'événement fera date et sera l'objet d'un traitement médiatique spécifique dans la mesure où, d'une part, le lieu est très symbolique du « mal des grands ensembles »; d'autre part, le choix de la démolition est encore loin d'être évident tant pour les élus que pour les bailleurs sociaux.

Lorsque le procès du meurtrier s'ouvrira en avril, les premiers blocs de béton seront tombés. Le 18 février, les 369 logements de la barre Debussy, une barre de 180 m de long et 45 m de haut qui fermait la Cité des 4 000 ont été explosés. Il faudra 3 000 camions pour emporter des gravats pendant quatre mois. Avec ces destructions, une partie de la mémoire de la cité disparaît et avec elle, celle du meurtre de Toufik Ouannès. Mais une autre actualité remet en scène la Cité des 4 000 en ce printemps 1986 : celle du procès de René Aigueperse.

*

Dans son édition du 21 avril 1986, *Le Parisien* titre à propos de l'ouverture du procès : « Les 4 000 dans le box des accusés ». Il existe donc un risque de voir se confondre le procès des grands ensembles et celui du meurtrier de Toufik Ouannès. Ce que laissait d'ailleurs entendre une déclaration de Pierre Joxe, président du groupe socialiste à l'Assemblée nationale. Dans une dépêche AFP, il estimait que « la mort d'un enfant français, d'origine algérienne, nous rappelle qu'il est urgent de réaliser la réhabilitation des zones d'habitat insalubre situées dans la périphérie des grandes villes ».

Il aura donc fallu trois années pour que la procédure judiciaire aille jusqu'à son terme. À plusieurs reprises, la famille de Toufik Ouannès a interpellé les autorités judiciaires car elle avait le sentiment que la procédure avançait trop lentement. Dans une lettre adressée au procureur de la République le 20 septembre 1983, la mère de Toufik rappelle que le jour même de l'assassinat de son fils, elle a déposé une plainte. Mais n'ayant pas eu de nouvelles à ce jour, elle décide donc de se porter partie civile. Elle a certes pris connaissance de l'envoi d'une convocation du tribunal de grande instance de Bobigny, mais elle affirme ne pas l'avoir reçue à sa nouvelle adresse. Elle a en effet quitté La Courneuve le 15 août 1983 et habite désormais Paris avec sa fille et son fils. Elle occupe alors un emploi d'apparitrice au Tribunal pour enfants de Paris, qui lui a été trouvé par l'entremise de Lucien Bitterlin.

À cette date, c'est Me Cros, avocat à Aubervilliers, qui défend les intérêts de la famille Ouannès, celle-ci ayant bénéficié de l'aide juridictionnelle. Plus largement, la consultation des documents de la Chancellerie relatifs à l'affaire et déposés aux Archives nationales témoigne d'un véritable suivi politique. Tout au long de la procédure, le cabinet du garde des Sceaux, Robert Badinter, a en effet entretenu une correspondance avec les autorités judiciaires en charge du dossier. Une lettre adressée par le cabinet du ministre à Paule Dayan, chargée de mission à la présidence de la République, en date du 16 février 1984, témoigne également que cette affaire est suivie au plus haut niveau de l'État.

Dès le 12 juillet 1983, au lendemain de l'arrestation de René Aigueperse, le procureur de la République près le tribunal de grande instance de Bobigny faisait savoir par courrier au procureur général près la cour d'appel de Paris que le directeur de cabinet-adjoint du garde des Sceaux l'avait appelé la veille à son domicile pour lui demander des précisions sur l'arrestation de l'auteur des faits. Il indiquait également qu'à la demande de la secrétaire d'État aux immigrés, la Chancellerie voulait publier un communiqué sur la progression de l'enquête. Finalement, le Parquet s'en chargera.

Parmi les documents, on trouve également une lettre manuscrite adressée le 3 février 1984 par la mère de Toufik Ouannès au ministre de la Justice « Pierre » Badinter pour protester contre la remise en liberté du meurtrier de son fils en décembre 1983. Le style, les citations laissent penser que quelqu'un (sans doute son avocat) en est le véritable auteur. Le ton est solennel et même, dans une certaine mesure, emphatique. Il s'agit, selon la première phrase, de s'adresser « au nom de la famille, à l'homme en qui nous plaçons notre confiance et dont la passion est, selon ses propres termes, "celle de défendre". »

Si la décision de remise en liberté qu'ils ont apprise « avec stupeur » leur paraît « choquante », elle peut également être considérée selon la famille comme une forme d'injustice au regard de la situation d'autres inculpés qui, eux, restent en prison. La référence à l'origine ethnique de la victime peut paraître quelque peu étonnante, tout comme celle aux « nôtres » :

> « Cette décision nous choque et nous ne pouvons-nous imaginer la situation inverse. Bien des nôtres purgent des peines plus lourdes pour des faits moins graves ».

En conséquence, l'appel fait au garde des Sceaux concerne bien évidemment l'affaire Toufik Ouannès mais contient également une portée beaucoup plus large, beaucoup plus politique :

> « Nous savons qu'il y aurait bien des injustices à combattre mais si nous attirons votre attention sur cette affaire, c'est parce qu'il y a eu meurtre, et ce meurtre-là, faisant écho, hélas, à bien d'autres, celui d'un enfant algérien, ne peut rester impuni. En l'absence d'une décision juste, le risque est grand de

> voir se ranimer le flambeau des passions que nous voudrions éteintes. En l'absence d'une telle décision, les mots égalité, *liberté* et *fraternité* sonneront, encore une fois de plus, vides et faux aux oreilles d'hommes et de femmes qui maintes fois au cours de l'Histoire ont retrouvé dignité au prix de souffrances intolérables. Toute patience a des limites. Est-il besoin de rappeler que nous avons toutes les raisons de craindre pour nos vies ? Nous ne voulons pas que le racisme, le meurtre, le chômage, l'insécurité permanente soient le seul angle de notre vie »[58].

L'auteur de la missive est certainement Christian Bourguet, au regard de ses engagements militants. En réponse le 27 mars 1984, la Chancellerie affirme suivre avec une attention toute particulière cette affaire. Elle affirme également veiller à ce que la procédure ne subisse aucun retard et parvienne à son terme dans les meilleurs délais possible. En ce qui concerne la remise en liberté de René Aigueperse, elle tient à préciser que la décision a été prise par une juridiction « statuant souverainement et en toute indépendance ».

Quant à René Aigueperse, son choix s'est porté sur Me Ravaz, avocat à la Cour de Paris et ancien lauréat de la Conférence du Stage, le concours d'élo-

58. Archives nationales, 19970398/73.

quence qui distingue les talents les plus prometteurs parmi les jeunes avocats. Selon le témoignage de ce dernier, c'est une personne du service juridique de la Brink's où travaille l'épouse de René Aigueperse qui les a mis en relation.

La première tâche de l'avocat consiste à demander la mise en liberté de son client, ce qu'il fait dès le 24 août. Pour justifier sa demande, il rappelle que le passé de son client est tout à fait irréprochable. Il souligne le témoignage de ses collègues de travail sur son sens du devoir et des responsabilités ainsi que sur son absence totale « d'un quelconque sentiment ou manifestation raciste ». Il explique aussi que son client incarcéré depuis le 12 juillet à la prison de Fleury-Mérogis est particulièrement éprouvé par les conséquences de son acte car il se sait responsable de la mort d'un enfant, « situation épouvantable pour ce père de famille parfaitement en mesure de comprendre la douleur de Madame Ouannès ». N'ayant pas obtenu gain de cause, une nouvelle demande est formulée en novembre 1983. Entre-temps, Me Ravaz aura lui aussi écrit au garde des Sceaux pour l'alerter sur les difficultés que lui-même ainsi que le juge d'instruction rencontrent dans l'accès aux pièces du dossier. « Du fait de la carence des services de police », précise-t-il[59]. En particulier,

59. Lettre de Luc Ravaz au Garde des Sceaux, 12 octobre 1983, Archives nationales, 19970398/73.

il réclame la transmission de la pièce concernant la trajectoire exacte du projectile sorti de la carabine de René Aigueperse. Il s'agit selon lui d'un élément déterminant.

Le 25 novembre 1983, une ordonnance de rejet de demande de mise en liberté est prononcée par un juge d'instruction du tribunal de grande instance de Bobigny. Sa décision est motivée par deux principaux arguments : tout d'abord, un risque de représailles sur la personne même de René Aigueperse, ensuite la gravité de la peine qu'il est susceptible d'encourir pourrait le conduire à se soustraire à l'action de la justice. En conséquence, René Aigueperse restera jusqu'à nouvel ordre en prison. Son avocat fera toutefois appel de la décision, qui sera réexaminée par la cour d'appel de Paris le 21 décembre.

Pour son avocat, c'est bien au contraire un sentiment d'accablement qui caractérise l'accusé et qui explique qu'il n'entend nullement se soustraire à la justice. Quant à la question de sa propre sécurité ainsi que celle des autres témoins, le doute n'est pas non plus permis. Le couple Aigueperse a quitté la Cité des 4 000 au mois d'août et on n'imagine guère René Aigueperse y revenir pour tenter de suborner des témoins ou s'exposer à d'éventuelles représailles. D'autant que sur place, les esprits se sont apaisés. Son avocat fait valoir un dernier argument : l'état de santé de son client qui nécessite un suivi médical régulier, que le régime carcéral ne facilite guère.

Les arguments convainquent les juges puisque par décision de la cour d'appel, René Aigueperse est remis en liberté, sous contrôle judiciaire, le 22 décembre 1983. Il sera donc resté cinq mois et dix jours en prison. Quant à la famille de la victime, elle sera reçue par le juge d'instruction le 26 septembre 1984, la mère, tout comme le père de Toufik resté en Algérie, s'étant constitués partie civile.

Au cours de son incarcération, René Aigueperse a fait l'objet, comme nous l'avons vu, d'une expertise psychiatrique afin de déterminer sa responsabilité pénale, en particulier au moment des faits. Les conclusions ne relèvent aucun élément qui puisse retenir l'attention de la justice. Son caractère ne comporte en effet aucun élément pathologique, du moins dans le cadre de l'examen réalisé : ni impulsivité ni agressivité. Le rapport souligne toutefois que « dans un langage sobre et sans ostentation », René Aigueperse exprime « une humeur marquée d'une connotation dépressive de type réactionnel avec les faits qui lui sont reprochés ». À plusieurs reprises, il confiera en effet son désarroi d'avoir blessé mortellement un enfant de 10 ans à peine. En outre, poursuivent les auteurs, aucune anomalie mentale ou psychique ayant une dimension psychiatrique n'a pu être décelée. En conséquence, ils notent en conclusion :

> « La personnalité de René Aigueperse, 49 ans, ne comporte aucun élément psychopathologique de nature à expliquer le geste qui lui est reproché. Ce geste est présenté comme une manifestation impulsive de colère dans un contexte très particulier. S'il faut en croire René Aigueperse, il n'a eu aucune intention homicide, et il s'agissait simplement dans son esprit de couvrir au moins momentanément le bruit occasionné par les jeunes enfants dans le but de les dissuader. Le comportement de René Aigueperse durant nos examens a été marqué par une grande cohérence et un aspect de sincérité ».

Quant à la conclusion de l'enquête détaillée sur la personnalité de l'accusé diligentée par le juge d'instruction du tribunal de grande instance de Bobigny, Georges Brouwers, elle se clôt par une tentative d'interprétation du geste de René Aigueperse qui semble aller dans le même sens :

> « Dépression et utilisation de ces armes, devenant incompatibles, l'ont ainsi amené à l'acte commis le 9 juillet 1983, en réaction à une agression causée par le bruit des pétards, soulignant son état

> d'insécurité et d'inquiétude permanente: colère rentrée et état dépressif profond. Ce jour-là, sa tendance agressive l'a emporté sans qu'il puisse se rendre compte des effets dramatiques qui en découleraient. Son épouse n'a pas paru avoir réalisé la gravité de son état de santé, sinon elle aurait écarté les armes pouvant être utilisées par son mari alors qu'il se trouvait dans un état dépressif profond ».

Peut-on avancer l'hypothèse d'un « coup de folie » dû à la pression exercée par le bruit incessant de la cité ? Sa femme confirme l'impact des bruits occasionnés par les pétards. Elle se souvient aussi que le soir du drame, elle avait dû « serrer le museau » de son chien qui aboyait à cause de ces déflagrations intempestives. Elle affirmera toutefois dans la même déposition que son mari ne s'est pas plaint auprès d'elle et que rien ne l'avait laissé penser, ne serait-ce qu'un seul moment, que son mari s'était servi de l'une des armes qui se trouvaient dans l'appartement. Et d'ajouter: « Je suis sûre qu'il n'a jamais menacé personne à cause du bruit ou parce qu'il ne dormait pas ». Ce qui laisse quand même planer le doute sur les véritables intentions de René Aigueperse au moment où il s'apprête à commettre son geste le soir du 9 juillet. Un doute que la police scientifique va s'efforcer pour sa part de dissiper au maximum.

L'ordonnance de transmission au procureur général date du 25 février 1985. Il convient à présent pour la justice de qualifier les faits en vue du procès. L'exposé des motifs rappelle la contradiction entre la version de l'accusé et les éléments de l'enquête, en particulier l'étude de la balistique. Celle-ci a en effet permis, selon le magistrat instructeur, de « contredire » la thèse de l'accusé. Pour cela, le rapport s'appuie sur l'expertise balistique. Les magistrats estiment que René Aigueperse, habitué à l'exercice du tir, ne pouvait ignorer le risque qu'il prenait en visant le groupe d'enfants. Néanmoins, des circonstances peuvent expliquer un tel geste. Il n'en reste pas moins que les éléments constitutifs du crime avec la qualification d'homicide volontaire entendu au sens de l'article 295 du Code pénal sont réunis

> « tant en raison des constatations matérielles établissant que Aigueperse René a volontairement dirigé l'arme en direction du groupe formé par la victime et ses camarades, dans des circonstances propices à l'éclatement d'une pulsion homicide autant soudaine qu'incontrôlée ».

On voit dès lors se dessiner les contours du procès à venir : René Aigueperse a visé le groupe des enfants de manière intentionnelle, mais dans un contexte d'extrême tension qui peut contribuer à expliciter son geste. L'avocat de René Aigueperse forme dès lors un pourvoi contre l'arrêt rendu par la Chambre d'accusation le 5 juin 1985. Il rappelle que son client a volontairement choisi la carabine à air comprimé pour ne causer aucune blessure et qu'il voulait seulement intimider les enfants. Un élément réfuté par le magistrat dans la mesure où il y a bien une intention de viser le groupe avec les risques courus puisque René Aigueperse était un spécialiste des tirs d'entraînement. Et cela, même si ce dernier reconnaît volontiers qu'il a pu s'agir d'un geste « inconsidéré », « dicté par la colère, provenant d'un homme aux nerfs usés ». L'avocat veut aussi faire reconnaître le fait que son client n'a pas « ajusté » son tir. Il regrette d'ailleurs qu'il n'y ait pas eu de reconstitution de tir car cela aurait pu montrer que vu sa posture déséquilibrée au moment du tir, ce dernier a pu être déplacé vers le bas de manière involontaire, atteignant ainsi par accident les enfants. De plus, il rappelle que l'accusé n'a pas tiré une seconde fois, préférant aller promener son chien. Il n'a pas cherché non plus à se défaire de sa carabine et l'a au contraire remise spontanément aux policiers. « Au regard de tous ces éléments, conclut l'avocat, il apparaît que dans son comportement, René Aigueperse n'a manifesté aucune volonté coupable ». Il souligne aussi le fait qu'il a manifesté son désarroi et ses regrets devant les conséquences de son acte. Il apparaît donc que non seulement la qualification d'homicide volontaire ne peut être retenue, mais pas davantage celle de coups et blessures volontaires ayant entrainé la mort sans intention de la donner. Pour ces raisons, il demande à ce que la Chambre d'accusation requalifie la prévention d'homicide volontaire « en homicide involontaire avec toutes conséquences de droit ».

Cette question, fondamentale pour le procès à venir, a fait l'objet de plusieurs échanges entre les magistrats chargés du dossier et le cabinet du ministre de la Justice. Dans une lettre datée du 6 février 1985 que ce cabinet adresse au directeur des Affaires criminelles et des Grâces, il s'interroge sur la qualification d'homicide volontaire. Selon lui,

> « on peut effectivement hésiter sur la qualification. Toutefois, compte tenu des faits et de l'émotion causée par cette affaire, il paraît préférable de conserver la qualification d'homicide volontaire retenue par le Parquet et sur laquelle le procureur général n'émet pas d'observations »[60].

Dans un courrier précédent, malheureusement non daté, adressé au procureur général près la cour d'appel de Paris au sujet du projet de réquisitoire définitif, le même cabinet notait qu'au vu des éléments fournis (usage d'une carabine à air comprimé,

60. Archives nationales, 19970398/73.

faible couverture osseuse de la victime, vêtements légers qu'il portait), René Aigueperse n'avait pas eu l'intention de tuer. En conséquence, la qualification d'homicide volontaire semblait ne semblait pas appropriée et que c'est plutôt celle de « coups mortels » qui devrait être retenue. On peut donc expliquer ce changement d'attitude par la médiatisation que ce fait divers avait connu entre-temps.

Le Parquet de la cour d'appel de Paris se trouve donc saisi. Dans son rapport, le magistrat chargé de répondre à la demande de l'avocat de René Aigueperse estime que

> « la thèse du tir d'intimidation ne saurait être admise ; la faible détonation ne pouvait être entendue dans le bruit ambiant et ne pouvait avoir aucun effet dissuasif. De plus, habitué aux tirs d'entraînement, l'inculpé ne pouvait ignorer le risque qu'il prenait en tirant en direction d'un groupe d'enfants d'une position dominante. Il s'agit manifestement d'un acte de violence impulsif et inconsidéré, dicté par la colère, provenant d'un homme aux nerfs usés par la maladie et l'insomnie et exaspéré par le bruit ».

Il note par ailleurs qu'il ne s'agit pas non plus d'un fait divers *ordinaire*, même si son issue tragique le caractérise déjà en soi. Il confirme la forte médiatisation que cette affaire a eue aux yeux de l'opinion publique, mais également au sein de la cité elle-même :

> « Ce drame a eu un important retentissement dans les médias et a particulièrement sensibilisé la population maghrébine de la Cité des 4 000 logements où des troubles sérieux se sont déroulés au cours de l'enquête ; des manifestants allant jusqu'à "exiger", selon leur expression, que la police leur livre l'auteur du meurtre. Des policiers ont été blessés par des jets d'un liquide corrosif indéterminé. Des tracts et des pétitions ont circulé attribuant un caractère raciste à ce meurtre d'un enfant ».

Il reconnaitra néanmoins que l'enquête de personnalité a souligné le climat de cette cité peu adapté à un homme dépressif et sous tranquillisants.

Une notification du 2 août 1985 concernant l'arrêt rendu par la Chambre criminelle de la Cour de cassation déclare René Aigueperse déchu du pourvoi qu'il a formé contre l'arrêt de la Chambre d'accusation en date du 5 juin 1985. Selon l'arrêt, le pourvoi a bien été envoyé, mais lui ou son conseil n'a pas déposé dans le délai légal le mémoire exposant ses moyens de cassation.

Finalement, au terme d'une procédure judiciaire de près de trois années, René Aigueperse est renvoyé devant la cour d'assises de Seine-Saint-Denis qui siège à Bobigny. Comme me le rappellera Luc Ravaz, il s'agissait encore des locaux mis en fonction en 1972, et non du palais de justice actuel qui sera inauguré en 1987 par le Premier ministre de l'époque, Jacques Chirac, et Albin Chalandon, le ministre de la Justice. La juridiction de Seine-Saint-Denis avait déjà fait l'objet d'un procès médiatisé en 1972 avec le procès de Marie-Claire Chevalier, accusée d'avoir avorté. Défendue par l'avocate Gisèle Halimi, elle sera relaxée. Trois ans plus tard, en 1975, la loi légalisant l'interruption volontaire de grossesse est promulguée en France. Le tribunal de Bobigny était alors devenu un repère pour les mouvements qui luttaient en faveur de la légalisation de l'avortement en France.

*

Le procès de René Aigueperse a été fixé aux 21 et 22 avril 1986. Les débats seront présidés par Jean Saurel, président de Chambre à la cour d'appel de Paris. Tout comme le cabinet du ministre de la Justice s'était tenu au courant de toutes les étapes de la procédure, une archive témoigne qu'il est également intervenu sur la date du procès. Dans une lettre du

23 décembre 1985, il demande ainsi au procureur général de veiller « à ce que toutes les dispositions soient prises afin que cette affaire soit évoquée devant la cour d'assises de la Seine-Saint-Denis à la session du mois d'avril de l'année prochaine »[61]. Dans une lettre datée du 7 octobre 1985, le cabinet avait déjà écrit au directeur des Affaires criminelles et des Grâces afin de veiller « à ce que l'audiencement de cette affaire intervienne rapidement ».

Pour cela, l'accusé devra se constituer prisonnier le dimanche 20 avril. À ce moment, il réside dans la commune Les Pavillons-sous-Bois, en Seine-Saint-Denis, à environ dix kilomètres au nord-est de Paris. En ce qui concerne son épouse, elle a indiqué une adresse à Bondy, également en Seine-Saint-Denis. Auparavant, le 3 avril, l'accusé a été convoqué devant le président de la cour d'assises pour y subir l'interrogatoire prévu par la loi dans de telles circonstances. Le moment est désormais venu pour les avocats des deux parties de faire valoir leurs compétences.

Du côté de René Aigueperse, Luc Ravaz est chargé de sa défense depuis le début. En revanche, du côté de la famille, un changement d'avocat est intervenu à la demande, semble-t-il, de la famille. Du fait du bénéfice de l'aide juridictionnelle, l'avocat Alain Cros avait été d'abord désigné. Mais selon

61. Archives nationales, 19970398/73.

la sœur de Toufik, il s'agissait de trouver un avocat plus réactif concernant le suivi de l'instruction. Ce sont finalement deux avocats qui lui succèdent pour la partie civile. Les parents de Toufik seront désormais représentés par Christian Bourguet, sa sœur, Djamila Moulay, par Malika Ouarti. Cette dernière a prêté serment le 15 décembre 1982 et s'est inscrite au barreau de Paris. Quant à son collègue Christian Bourguet, lui aussi du barreau de Paris, il est connu pour ses engagements, notamment en faveur des immigrés. Fils d'un pasteur, il a vécu son enfance en Algérie et au Maroc. Diplômé de Sciences Po Grenoble, il s'est très tôt engagé à la Ligue des Droits de l'Homme et comme avocat auprès du Groupe d'information et de soutien des immigrés (GISTI), une association de défense et d'aide juridique des étrangers en France. Il a également assuré la défense de Christian Belon, le premier Français à avoir détourné un avion de ligne pour attirer l'attention sur le sort des Palestiniens en 1970. C'est à partir de 1983-1984 qu'il se spécialise dans le droit des étrangers, notamment ceux qui sont en situation irrégulière.

Quelques jours avant la tenue du procès, l'avocat de René Aigueperse avait toutefois déposé un pourvoi auprès de la Cour de cassation. La requête était libellée en ces termes :

« Compte tenu de la nature de cette affaire et du risque que des manifestations intempestives nuisent à la nécessaire pérennité des débats judiciaires, Monsieur René Aigueperse sollicite de Madame le Premier Président que par application des dispositions de l'article 662 du Code de procédure pénale, l'affaire soit supprimée du rôle de la cour d'Assises de la Seine-Saint-Denis et renvoyée devant une autre juridiction »[62].

Pour étayer son propos, il rappelait également que « toutes les investigations qui avaient pu être menées, tant par les forces de police que par le magistrat instructeur, avaient révélé que la coloration donnée à cette affaire par les grands médias ne correspondait nullement à la stricte réalité telle qu'elle résulte du dossier ». Il mentionnait aussi les incidents de juillet 1983, notamment les policiers visés par des projectiles ainsi que la voiture de Radio France vandalisée. En conséquence, il était demandé de « dépayser » l'affaire hors de Seine-Saint-Denis afin de garantir la sérénité des débats judiciaires et éviter de sérieux risques à l'ordre public. Toutefois, la Chambre criminelle devait rendre un arrêt estimant que, sur le fond, il n'existait pas en l'espèce, de

62. Archives nationales, 19930197/31, Pourvoi 8691900, arrêt n° 2194, 16 avril 1986. Cour de cassation. Chambre criminelle. Audience au palais de justice de Paris.

motifs de renvoi pour cause de suspicion légitime. La requête fut donc rejetée, le demandeur étant condamné aux dépens.

Au-delà des arguties juridiques traditionnelles entre avocats (ceux de la famille Ouannès s'opposant à la demande), il faut toutefois noter cet élément versé au dossier par ces derniers, à savoir que la mère de la victime a tenu « à faire part de son indignation devant la motivation au fond de la requête ». Il était également notifié par les deux avocats que c'est précisément le renvoi devant une autre cour d'assises qui pourrait raviver les tensions.

L'ouverture du procès le 21 avril 1986 se fait classiquement par le tirage au sort des jurés. Un choix à faire parmi 35 noms pour désigner les neuf jurés (5 hommes et 4 femmes) ainsi que deux suppléants qui décideront de la peine à infliger à René Aigueperse. La liste figurant parmi les pièces judiciaires que j'ai pu consulter, il est donc possible d'en tirer quelques éléments afin d'éclairer la personnalité des jurés.

Sept d'entre eux sont plus jeunes que l'accusé, le plus jeune étant né en 1959. Le plus ancien est né en 1920. Il a donc 66 ans au moment du procès. L'origine géographique des jurés peut avoir une certaine importance dans la mesure où René Aigueperse est lui-même un provincial « monté » à Paris. L'équilibre semble plutôt respecté : 5 sont nés en province,

2 à Paris et 2 en banlieue parisienne. Enfin, en ce qui concerne les professions, une majorité de personnes travaillent dans le tertiaire tout en restant à des postes modestes : une vendeuse, un magasinier, un manutentionnaire... Un jury qui représente assez bien la sociologie française du milieu des années 1980, ce qui devrait au premier abord être favorable à René Aigueperse. En raison des conditions d'accès de l'époque à la nationalité française, le jury ne comporte aucun nom qui soit d'origine étrangère. Ce qui peut également avantager René Aigueperse.

Durant les deux journées du procès, les auditions vont se partager entre les témoins appelés à comparaître et ceux qui sont cités par les avocats des deux parties. Me Ravaz fait appeler à la barre deux collègues de René Aigueperse à la RATP, l'un machiniste et l'autre agent. Non cités à comparaître, ils sont entendus en vertu du pouvoir discrétionnaire du président du tribunal et à ce titre, ils ne prêtent pas serment. Ils apparaissent comme simples témoins fournissant des renseignements. Leurs témoignages apparaissent comme un atout dans le système de défense élaboré par Me Ravaz. Il s'agit en effet de montrer aux jurés que René Aigueperse est un honnête travailleur, fortement apprécié de ses collègues. Ces derniers lui ont d'ailleurs signifié leur soutien dès le début de l'affaire. Le 16 septembre 1983, ils ont en effet adressé au juge d'instruction une pétition forte de 179 signataires comportant noms, prénoms, signatures, matricules professionnelles et numéros de téléphone. On remarque à ce propos que la liste comporte bon nombre de noms d'origine maghrébine.

En revanche, on ne relève pas de témoignages de voisins de la famille Aigueperse dans la Cité des 4 000. Le seul témoin convoqué par l'avocat de René Aigueperse, en lien avec les problématiques urbaines, se trouve être la présidente de l'Association de défense des victimes de troubles de voisinage, professeur agrégée de l'université, habitant elle-même La Celle-Saint-Cloud, commune très éloignée géographiquement et sociologiquement de La Courneuve et de la Cité des 4 000.

Du côté de la famille Ouannès, leurs avocats feront citer, toujours en vertu du pouvoir discrétionnaire du président du tribunal, plusieurs témoins, dont un journaliste habitant la Cité des Francs-Moisins. Viennent également à la barre le juge d'instruction ainsi que l'ancien chef de la brigade criminelle, Jacques Genthial. Au titre de la partie civile, s'ajoutent un barman demeurant 2, rue Renoir ainsi que deux autres témoins résidant respectivement à Nanterre et à Livry-Gargan. L'avocate représentante de la sœur de Toufik lira aussi une lettre d'un certain Jacques Pinel qui pourrait être, selon les sources consultables sur Internet, un médecin fortement engagé dès cette époque dans l'ONG Médecins Sans Frontières, sans que je puisse toutefois réellement établir une correspondance formelle, au-delà d'une possible homonymie.

La première journée d'audience s'achève à 21 heures. Elle a également permis de faire venir à la barre les principaux témoins de cette affaire, en particulier l'épouse de René Aigueperse ainsi que ceux qui étaient aux côtés de la victime au moment du drame. Quant à la deuxième journée, outre les témoignages appelés par les avocats de la famille de la victime, elle est en grande partie consacrée à la plaidoirie de l'accusation en fin de matinée, puis à celle de Christian Bourget en début d'après-midi.

Après le réquisitoire de l'avocate générale, c'est l'avocat de la défense qui a le dernier mot. Les débats sont alors clos et chacune des parties attend désormais le verdict. Tout repose désormais, selon la formule, « sur leur intime conviction »[63].

Selon les comptes rendus publiés dans la presse (la retranscription n'est pas autorisée dans ce type d'affaires), les débats ont principalement tourné autour de la question de savoir ce que pourrait

63. Ce qui m'a fait penser à la citation de l'avocat de la défense dans le film d'Otto Preminger *Autopsie d'un meurtre*, interprété par James Stewart : À ces douze personnes qui composent le jury et qui ont tous un cœur, un esprit différent, « on demande de juger un autre être humain, aussi différent d'elles qu'elles sont différentes de lui-même ».

être de rendre une « bonne justice » dans une telle affaire. Est-ce possible, en effet, de « réparer à jamais la mort d'un enfant ? », selon les termes utilisés par l'avocate générale Éliane Marie. Pour les avocats de la partie civile, il ne fait nul doute que le meurtrier, par son acte, « avait aboli l'image du brave homme sans histoire, du pacifique et du débonnaire machiniste. L'homme banal, élevé dans la droiture et le respect des autres, avait en cette soirée du 9 juillet 1983 mis un terme aux apparences dont il avait su s'entourer ». Pour Malika Ouarti, il avait, sans qu'il y ait le moindre doute, « tiré, visé et voulu tuer », tandis que, pour son collègue Christian Bourguet, aussi sévère sur le fond, il avait assurément, pour le moins, voulu blesser. De leur point de vue, l'argument de René Aigueperse, fondé sur l'usage délibéré qu'il avait fait d'une carabine à air comprimé, arme en principe inoffensive, ne tenait pas dès lors que le résultat avait bel et bien été la mort, et que cette mort ne devait rien à un hasard malencontreux.

Dans son réquisitoire, l'avocate générale Éliane Marie se montre moins catégorique. Sur le point central concernant le caractère intentionnel ou non de l'acte qui avait été commis, elle avoue elle-même son doute. En revanche, si elle peut en effet tout à fait entendre l'argument des difficultés à vivre dans la Cité des 4 000, ainsi que de la prise en compte des suites de l'accident cardiaque de l'accusé, il n'en reste pas moins qu'un enfant est mort, qui n'avait pas 10 ans, et peu importe ses origines. Alors, quelle peine ? Sur ce point, l'avocate générale exprime son doute, selon la presse. Des circonstances atténuantes, oui, assurément, mais pour le reste ? Il flotte comme une hésitation du côté du Ministère public. Ce qui ne l'empêche pas de s'adresser directement à l'accusé (toujours selon la retranscription parue dans les journaux) en ces termes :

> « Je ne serais pas plus indulgente pour cela à votre endroit, car ce que je n'aime pas, c'est votre attitude après les faits, cette façon d'aller promener le chien sans rien remarquer alors que la police est là, qu'une ambulance est arrivée.
> « Et elle devait lire encore cette phrase livrée par l'accusé après son arrestation :
> Je suis remonté chez moi, j'ai pris mon somnifère et je n'ai pas eu de mal à m'endormir ». « Alors, s'est écriée Mme Marie : Les bras m'en tombent ! ».

Et de conclure sur ces mots en parlant de René Aigueperse : « Il est de ces gens qui vivent leur vie à eux, qui veulent que rien jamais ne vienne les déranger, auxquels il faut le gentil petit confort quotidien ».

Il est vrai que l'attitude de René Aigueperse a pu déconcerter durant son procès. Plusieurs observateurs ont noté qu'il était comme absent des débats. Lors de notre entretien, son avocat me dira qu'il était comme extérieur à ce qui était en train de se passer et qu'il était très difficile de savoir s'il mesurait réellement la gravité de son acte. Pour Luc Ravaz, René Aigueperse a eu en fait la même attitude lors de son inculpation en 1983 que lors de son procès en 1986, à savoir un peu assommé, quelque peu dépassé par les évènements. Ce qui peut s'avérer problématique, surtout dans une affaire comme celle-ci où il s'agit de conquérir pour le moins l'indulgence des membres du jury, peut-être même une certaine empathie.

Il revenait dès lors à l'avocat de la défense de conclure. Tâche difficile au regard de ce qui avait été dit auparavant, d'autant plus pour répondre de l'accusation du meurtre d'un enfant qui touche fortement des jurés. Il lui fallait en particulier justifier le manque de regrets que semblait exprimer l'attitude de René Aigueperse. De son point de vue, il s'agissait sans nul doute d'une maladresse, peut-être même de la pudeur émanant d'un homme qui avait du mal à exprimer ses sentiments. Ce qui n'empêchait nullement son client de ressentir du remords. En conséquence, l'avocat plaide pour une peine avec un sursis, c'est-à-dire pour un retour à la liberté. « Est-il vraiment indispensable de le renvoyer en prison ? Dans une affaire comme celle-ci, le pardon ne peut-il pas réunir la victime et l'accusé ? », demande-t-il en s'adressant aux jurés.

À la question : « René Aigueperse est-il coupable d'avoir volontairement porté des coups ou commis des violences ou voies de fait sur la personne de Toufik Ouannès ? », la réponse est : « Oui à la majorité de huit voix au moins ».

À la question : « Lesdits coups, violences ou voies de fait ont-ils occasionné la mort de Toufik Ouannès ? », la réponse est : « Oui à la majorité de huit voix au moins ».

À la question : « René Aigueperse avait-il l'intention de donner la mort à Toufik Ouannès ? », la réponse est : « Non ».

À la question : « Existe-t-il des circonstances atténuantes en faveur de René Aigueperse ? », la réponse est : « Oui ».

En conséquence, selon le libellé officiel, René Aigueperse est reconnu coupable d'avoir

> « volontairement porté des coups ou commis des violences ou voies de fait sur la personne de Toufik Ouannès, avec cette circonstance que lesdits coups, violences ou voies de fait ont occasionné la mort de Toufik Ouannès sans intention de la lui donner ; qu'il résulte de la même déclaration

de la Cour et du jury qu'il existe des circonstances atténuantes en faveur d'Aigueperse René. Que les faits ci-dessus déclarés constants par la Cour et le jury constituent le crime prévu et puni par l'article 311 du Code pénal, modifié à raison des circonstances atténuantes par l'article 463 du Code pénal ».

René Aigueperse n'est pas condamné pour homicide volontaire, mais pour coups et blessures volontaires ayant entraîné la mort sans intention de la donner. La condamnation ayant été prise à la majorité absolue, il écope de cinq ans d'emprisonnement dont deux avec sursis. En outre, chaque partie civile ayant réclamé 100 000 francs de dommages et intérêts, la Cour condamne René Aigueperse à verser 60 000 francs à la mère de Toufik, 10 000 francs en qualité d'administratrice des biens de son fils mineur et 10 000 francs pour sa fille. Viennent s'ajouter 11 000 francs au titre des frais encourus par l'organisation du procès.

René Aigueperse sera incarcéré à la prison de Chalon-sur-Saône. Une peine qui se situe dans la moyenne de celles prononcées à la même époque dans des affaires similaires. Pour sa part, la sœur de Toufik Ouannès me dira qu'elle et sa mère avaient été « choquées » par l'annonce du verdict.

Il ne s'agit pas ici de porter un jugement sur le degré de sévérité de la peine qui a été prononcée à l'égard de René Aigueperse. Les souvenirs des avocats engagés dans le procès, que j'ai interrogés sur ce point, sont logiquement divergents. Pour Me Ouarti, personne n'a réellement été satisfait du verdict : trop dur pour les partisans de l'inculpé, pas assez pour les soutiens de la famille de Toufik. Cette dernière demeure, quarante ans après les faits, sur l'idée d'un cas de racisme ordinaire. Elle reste également convaincue que l'accusé avait intentionnellement visé les enfants le soir du 9 juillet. Pour Me Ravaz, au regard de la qualification d'homicide volontaire qui pesait sur son client, la peine pouvait, au contraire, apparaître mesurée. Le jugement avait en particulier écarté le mobile raciste. La thèse d'un geste irresponsable survenu dans un contexte particulier l'avait emporté. Selon sa formule, l'avocat avait plaidé pour obtenir une sanction raisonnable pour un geste stupide qui avait bouleversé la vie de plusieurs personnes.

*

Il existait une réelle probabilité qu'à l'annonce du verdict, et en raison de la peine prononcée, il y ait des mouvements de protestations dans la salle d'audience mais aussi à l'extérieur du palais de justice.

Cela avait été le cas quelques mois plus tôt à l'issue du verdict énoncé à l'encontre de Jean-Claude Lopez qui avait tué à Bron un jeune Algérien. Malgré le déploiement d'un impressionnant dispositif policier aux abords du palais de justice de Lyon, des heurts avaient éclaté dans la salle d'audience à l'énoncé du verdict : cinq ans de prison dont un de sursis pour homicide volontaire. Un cas donc similaire à l'affaire Toufik Ouannès.

Dans le cas du procès de l'enfant de La Courneuve, il existait un véritable risque de voir une telle situation se produire. Il n'en fut rien, même si son avocat se souvient qu'une forte pression médiatique a bien existé durant le procès. Me Ouarti me confiera qu'à l'issue du procès, elle avait été interrogée par un journal irakien et que celui-ci avait rendu compte de l'affaire sur huit pages. Elle m'a aussi confirmé que le déroulement du procès avait été dans l'ensemble plutôt calme. Selon *Le Monde,* « la cinquantaine de jeunes immigrés venus écouter le procès ont entendu sans satisfaction, mais sans révolte non plus, l'arrêt rendu après une délibération de près de deux heures et demie [...] De son côté, le petit agent de la RATP n'a pas davantage réagi à la décision qui lui vaut de demeurer en prison »[64]. Le journal algérien *El Moudjahid* réagira de son côté. Une copie de l'article en question avait été adressée lors

64. *Le Monde*, 24 avril 1986.

de sa sortie au ministère des Affaires étrangères par l'ambassade de France. Selon le quotidien algérien, René Aigueperse avait bénéficié d'une décision de clémence, « bien au-delà de ce qu'il pouvait espérer des circonstances atténuantes que le tribunal s'est acharné, parfois sans mesure à lui reconnaître »[65].

Jusqu'au bout, René Aigueperse sera resté le spectateur impuissant de son propre destin. Il est décédé le 15 mai 2002 à Rocamadour, lieu-dit « Varagnes », dans le Lot. Là où tout avait commencé pour lui.

65. *El Moudjahid*, 24 avril 1986.

Conclusion

De quoi est mort réellement Toufik Ouannès ?

En 1985, alors que l'affaire n'occupe plus le devant de la scène médiatique, sort sur les écrans le film de Mehdi Charef, *Le Thé au harem d'Archimède*. Une chronique de la vie ordinaire en banlieue. Tourné en partie dans la Cité des 4 000, avec une musique de Karim Kacel, le film retrace la vie quotidienne de Madjid, un fils d'immigrés, et de son meilleur ami Pat, tous les deux confrontés aux tracas, qu'il s'agisse de la vie amoureuse ou de la recherche d'un travail. La dernière phrase du film, « Il s'assit en face de son ami. Madjib dormait. Pat le regardait. L'estafette roulait dans la nuit », ouvre le champ des possibles. Une destinée qui n'a pas été celle de Toufik Ouannès puisque sa propre route s'est quant à elle brutalement arrêtée le soir du 9 juillet 1983 pour avoir fait claquer quelques pétards. Mais que nous dit réellement ce fait divers ? Dans un article de *La Vie* paru le 14 juillet suivant, Marie-Christine Jeanniot écrit que « Toufik est mort de la folie des villes en béton où la vie se cogne aux murs ». Le début des années 1980 se caractérise en effet par l'existence de grandes cités HLM où la vie quotidienne devient de plus en plus difficile. La Cité des 4 000 en est un exemple tout à fait probant. D'ailleurs, quelques semaines après la mort de Toufik, la situation semble enfin se débloquer du point de vue de la réhabilitation. Dès le 27 juillet, le maire de La Courneuve annonce qu'il a été trouvé un accord entre la ville, le ministère de l'Équipement et la mairie de Paris pour engager un vaste plan de la réhabilitation de la cité incluant la dévolution de la Cité des 4 000 à la ville de La Courneuve. Une première tranche de réhabilitation concerne 2 677 logements. La presse note à ce propos que la mort de Toufik a accéléré le processus même si la mairie, de son côté, affirme que le programme était déjà prêt. Plus largement, la cité entrera dans les 22 sites retenus en 1983 par la Commission nationale pour le développement social des quartiers. Parallèlement, un groupe de travail intitulé « Être jeune aux 4 000 » est constitué.

Mais une politique publique, aussi efficiente soit-elle, peut-elle effacer, voire contribuer à effacer le malheur humain ? Travailler sur la mort de Toufik m'a permis de mieux prendre en compte le caractère forcément humain de cette vaste saga urbaine que représente l'histoire des grands ensembles en France au XXe siècle. Il est donc urgent de centrer les recherches sur les habitants eux-mêmes, en évoquant en particulier la manière dont ces derniers disent la banlieue – leur banlieue, devrait-on dire. La langue apparaît ainsi une approche tout à fait pertinente pour mettre en mouvement cette histoire populaire de la banlieue que j'appelle, comme d'autres, de mes vœux[66].

Dans le cas de Toufik, cette parole n'existe pas, c'est le silence mortel qui a prévalu. Au final, on ne lui aura pas eu laissé le temps de se définir autrement que comme un enfant de La Courneuve parmi tant d'autres. Tout comme le petit Sid-Ahmed, mortellement blessé par balle à La Courneuve le dimanche 19 juin 2005 en milieu d'après-midi, alors qu'il lavait la voiture de son père. Pauvre victime collatérale d'un règlement de comptes entre deux bandes rivales du quartier. Donner la parole à celles et ceux qui ont continué à vivre dans ces trop grandes cités, avec leurs joies et leurs peines, c'est aussi, d'une certaine manière, attester de leur statut social. Loin des exploitations politiciennes et des surenchères idéologiques.

---

66. Merci tout particulièrement à mes collègues Paola Salerni, Emmanuelle Guerin et Véronic Algeri de m'avoir suggéré de nouvelles pistes de recherches extrêmement fécondes, en particulier concernant les usages linguistiques de la banlieue.

La collection

Les faits divers interrogent nos choix et notre perception de la vie. Créée et dirigée par Plana Radenovic, la collection « Polars réels » a pour ambition de donner la parole aux acteurs des affaires judiciaires – avocats, magistrats, victimes, mis en cause, enquêteurs, experts – et, plus largement, à tous ceux capables de raconter un dossier d'instruction comme un polar réel.

TABLE DES MATIÈRES

Composition et mise en page : Thomas Ragage
Dépôt légal : juin 2024
N° d'édition : 00305
Achevé d'imprimer par Corlet
N° 24050145